Das Werden des Menschen

Gion Condrau / Alois Hicklin
Herausgeber

Das Werden des Menschen

Beiträge von

Medard Boss
Hans-Jürg Braun
Gion Condrau
Adolf Faller
Alois Hicklin
Emil Kuhn-Schnyder
Norbert A. Luyten
Hans Saner
Detlev von Uslar

Benteli Verlag Bern

ISBN 3-7165-0131-X

© 1977 Benteli Verlag 3018 Bern
Typographie, Satz und Druck: Benteli AG, 3018 Bern
Printed in Switzerland

Inhalt

Vorwort

Die Beantwortung der Frage nach dem «Werden des Menschen» war in der Neuzeit den Naturwissenschaften vorbehalten. Mit den ihr zur Verfügung stehenden Methoden erforschten die Paläontologie und Anthropologie auf der einen Seite, die Embryologie und Entwicklungspsychologie auf der anderen Seite dieses wichtige, den Menschen betreffende Feld der Vergangenheit. Der Daseinsanalyse schien solches Fragen eher fremd, scheint doch dem phänomenologischen Verständnis vorerst nur das *Sein*, nicht aber das *Werden* zugänglich.

Nachdem die Daseinsanalyse jedoch nicht nur Philosophie, sondern auch Wissenschaft vom Menschen und therapeutische Methode ist, kann sie sich dem Vorgang der Entstehung und Entwicklung des Menschen nicht verschliessen. Zumindest muss sie sich mit den *Fragen* nach der phylogenetischen und ontogenetischen Entwicklung näher befassen, sie möglicherweise genauer und adäquater stellen oder sogar von einer anderen Warte aus beantworten.

Unsere Zeit befasst sich wie keine vor ihr mit den äussersten Polen des menschlichen Lebens, mit dem Sterben und Tod auf der einen Seite, mit dessen Beginn auf der anderen. Vor allem im Zusammenhang mit den weltweit verbreiteten Kontroversen über den Schwangerschaftsabbruch stellen sich die Fragen nach dem Beginn des menschlichen Lebens und seinem Sein und Werden immer gebieterischer. Es schien deshalb angebracht, an einer speziellen Tagung diesen Fragen nachzugehen. Die Frage der Paläontologie ist die Frage nach der Stellung des Menschen im Entwicklungsspektrum aller anderen Lebewesen, während sich die Ontogenese mit der vorgeburtlichen Lebensphase des Menschen befasst, die bisher viel zu wenig Beachtung fand.

Der vorliegende Band enthält die Vorträge und die Diskussion, die an der Tagung vom 20./21. November 1976 in der Paulus-Akademie in Zürich zu diesem Thema gehalten wurden. Die Tagung wurde von der Schweizerischen Gesellschaft für Daseinsanalyse und dem Daseinsanalytischen Institut in Zürich zusammen mit der Paulus-Akademie organisiert. Die Beiträge stammen vom Paläontologen Prof. Dr. Emil Kuhn-Schnyder, vom Philosophen und Psychologen Prof. Dr. Detlev von Uslar, vom Theologen Prof. Dr. Norbert A. Luyten, vom Anatomen und Embryologen Prof. Dr. med. Adolf Faller und vom Philosophen Dr. Hans Saner. Prof. Dr. med. Medard Boss und Prof. Dr. med. et phil. Gion Condrau sind die Verfasser der daseinsanalytischen Artikel.

Der Vortrag von G. Condrau, der an der Tagung aus zeitlichen Gründen stark gekürzt wiedergegeben werden musste, wurde – mit einigen inzwischen notwendig gewordenen Ergänzungen – in der ursprünglichen Fassung aufgenommen. M. Boss hat seinem Vortrag eine kurze Einführung in das daseinsanalytische Menschenverständnis beigefügt.

Schliesslich kommen im vorliegenden Band noch zwei Artikel von Dr. med. Alois Hicklin hinzu, die ebenfalls aus zeitlichen Gründen an der Tagung nicht vorgetragen werden konnten. Auf den Wunsch vieler Tagungsteilnehmer wurde in die vorliegende Sammlung der Referate auch die Ansprache von PD Dr. Hans-Jürg Braun anlässlich des ökumenischen Gottesdienstes aufgenommen.

Zürich, im Januar 1977 *Die Herausgeber*

Emil Kuhn-Schnyder

Die Phylogenese des Menschen – aus der Sicht des Paläontologen

*«Erzähle mir die Vergangenheit
und ich werde die Zukunft erkennen.»*
Konfuzius

Der Naturwissenschaft sind zwei Aufgaben gestellt. Einmal gilt es die Naturkräfte der Menschheit dienstbar zu machen. Andererseits geht es darum, eine wirkliche Einsicht in die Zusammenhänge der Natur zu gewinnen. Hinter den vielen Problemen, welche die zweite Aufgabe aufwirft, erhebt sich als wichtigstes die Frage nach der Stellung des Menschen in der Natur. «Was ist der Mensch?» Dieses Problem ist nicht nur die brennendste aller Fragen in der Naturforschung, sondern es steht auch im Zentrum jeder Philosophie und Theologie. Wie alle andern Wissenszweige menschlichen Geistes ist dabei die Naturwissenschaft weder berufen, noch ist sie fähig, zu ihrer Beantwortung mehr als einen Teilbeitrag zu leisten. Von den zahlreichen naturwissenschaftlichen Disziplinen ist dabei von der Biologie besonders viel zu erwarten.

Meinen Vortrag gliedere ich in drei Abschnitte. In einem ersten Teil möchte ich Sie mit einigen Ergebnissen der Biologie, insbesondere der Paläontologie, vertraut machen. Die dabei gewonnenen Erfahrungen werden uns im zweiten Teil, bei der Verfolgung des Werdens des Menschen und für die Beurteilung seiner Stellung in der Natur nützlich sein. Der letzte Teil soll mit einigen persönlichen Bemerkungen über die gegenwärtige Situation des Menschen ausklingen. Trotz grösster Konzentration werden wir nur weniges herausgreifen können.

I. Die Abstammungslehre

Die Aufstellung der Deszendenztheorie oder Abstammungslehre und ihre Begründung durch Charles Darwin im Jahre 1859 ist die grösste Leistung der Biologie des 19. Jahrhunderts. Ihr verdankt auch die Paläontologie entscheidende Impulse. Darwins Lehre lässt sich in folgende Sätze zusammenfassen:

Die Tier- und Pflanzenarten sind veränderlich. Die heute lebende Tier- und Pflanzenwelt ist aus geologisch älteren Arten durch allmähliche Umwandlung entstanden. Darwins durchschlagender Erfolg beruhte wesentlich darauf, dass er zugleich Erklärungen für die Ursachen dieser Umwandlungsprozesse geben konnte. Nach ihm entspricht der künstlichen Zuchtwahl oder Selektion des Menschen eine natürliche Selektion in der Natur. Der Kampf ums Dasein, die Rolle des Züchters übernehmend, führt zur Anpassung der Lebewesen an ihre Umwelt.

Die Tatsache der Entwicklung und ihre Erklärung durch Darwin werden häufig nicht auseinandergehalten. Sie sind jedoch scharf voneinander zu trennen. Auch ihre Wirkungen waren ursprünglich ganz verschieden. Die Erkenntnis einer Entwicklung erschütterte die Allgemeinheit viel gewaltiger. Anders war es mit dem Problem der Ursachen der Entwicklung. Um seine Lösung kämpft heute noch die experimentelle Biologie. Entscheidende Durchbrüche auf diesem Gebiet werden die Menschheit ungeheuer viel stärker treffen als einst die Erkenntnis einer Evolution.

Die Bedeutung der Evolution hängt von ihrer Tragweite ab, von zwei kritischen Punkten. Erstreckt sie sich auch auf den anorganischen Bereich und führt sie von den Tieren zum Menschen? Darwin nahm stillschweigend an, dass Leben nicht aus lebloser Materie entstehen könne. Lange stimmten die meisten Naturforscher mit ihm überein. Heute wird jedoch von vielen angenommen, dass der biologischen eine chemische Entwicklung voranging. Sie glauben ferner, dass die Erzeugung von Leben im Laboratorium grundsätzlich möglich sei. Es ist jedoch noch nicht geglückt, primitive Lebewesen, sogenannte Eobionten, im Reagenzglas darzustellen. Ja, es wäre eine Anmassung zu behaupten: Wir stehen kurz vor einem sensationellen Durchbruch.

Wie steht es um die Herkunft des Menschen? «Licht wird auf den Ursprung der Menschheit und ihre Geschichte fallen», prophezeite 1859 Darwin zurückhaltend. Als erster wies Thomas Henry Huxley 1863 auf die Natur dieses Lichtes hin. Der

Mensch ist ein Abkömmling altweltlicher Affen. Davon waren bereits 1871 zahlreiche Naturforscher überzeugt. Es war klar, dass er keine Ausnahme im Strome des Lebens darstellt. Auch der Mensch ist ein gewordener Teil der Natur. Mit der Anerkennung der Abstammungslehre vor etwas mehr als hundert Jahren stand man an der zweiten Wende der europäischen Geistesgeschichte. Nach der Entthronung der Erde als Zentrum der Welt im 16. Jahrhundert wurde jetzt die Stellung des Menschen in der Natur zur Diskussion gestellt.

Einen Eckpfeiler der Abstammungslehre bilden die Erkenntnisse der Paläontologie. Ihr ist aufgetragen, zu ermitteln, wie es früher tatsächlich gewesen ist. Sie hat die Geschichte des Lebens auf der Erde mit Hilfe naturwissenschaftlicher Methoden zu rekonstruieren. Die Dokumente, die dazu benützt werden, sind die Versteinerungen oder Fossilien. Es sind dies Überreste von Lebewesen und ihre Spuren. Wie die Erfahrung lehrt, ist ein Fossilwerden im Kreislauf der Natur die seltene Ausnahme. Sie oder ich haben dazu praktisch keine Chance. Denn nach dem Tode eines Lebewesens soll seine Leiche zerstört und in ihre anorganischen Bestandteile zerlegt werden, damit diese zum Aufbau neuen Lebens dienen können. Dazu kommt, dass im allgemeinen nur Hartteile von Lebewesen fossil erhaltungsfähig sind, von Wirbeltieren einzig Knochen und Zähne. Gegenüber der Zoologie ist die Paläontologie deshalb benachteiligt. Der Zoologe kann den ganzen Körper eines Tieres sowie dessen Leistungen auf das genaueste untersuchen. Mit lebenden Tieren kann er experimentieren. Dem Paläontologen bleiben Experimente verschlossen. Auf die Frage «warum» kann er keine Antwort geben. Jedoch verfügt er über einen neuen Faktor, über die Zeit. Mit ihm ist eine ungeheure Erweiterung des Formenschatzes der Lebewesen verbunden. Was ergibt eine vergleichende Untersuchung der Fossilien?

Die Paläontologie kann zeigen, dass im Laufe der Erdgeschichte tatsächlich eine Entwicklung der Lebewesen stattgefunden hat, wie sie Darwin forderte. Es ist eine Evolution, die von nieder zu höher organisierten Lebewesen führt. Auf Grund des Zerfalls radioaktiver Elemente wird das Alter der

Erde auf etwa 4700 Millionen Jahre geschätzt (Abb. 1). Der Beginn des Erdaltertums, wo mit dem Kambrium plötzlich Schichten mit zahlreichen Fossilien auftreten, liegt vor rund 570 Millionen Jahren. Bei der Tierwelt, die uns erstmals in so reicher Fülle begegnet, handelt es sich ausschliesslich um Mee-

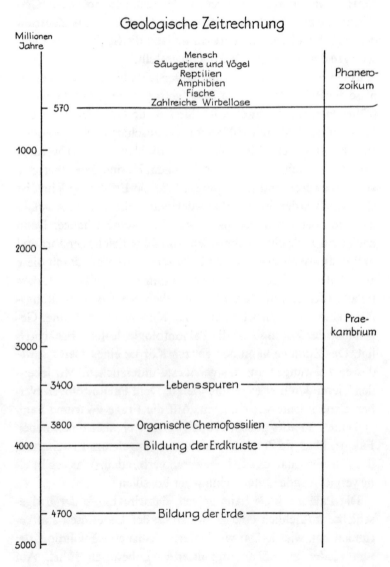

Abb. 1 Absolute Zeitrechnung der Erdgeschichte.

resbewohner. Das Leben stieg aus dem Meer. Marinen Ursprungs sind auch die Wirbeltiere. Im Kambrium sind sie noch nicht nachgewiesen. Sie traten erst vor etwa 450 Millionen Jahren, im Ordovizium, auf. Ihren Aufstieg in der Erdgeschichte können wir vollständig überblicken. Um die Stellung des Menschen in der Natur von paläontologischer Sicht aus beurteilen zu können, müssen wir uns mit einigen Einsichten vertraut machen, die ein Studium der Evolution der Wirbeltiere gewährt.

II. Die Evolution der Wirbeltiere

Die Zusammenfassung aller Tiere mit einer Wirbelsäule unter den Begriff Wirbeltiere rechtfertigt sich deshalb, weil sie nach einem einheitlichen Plan gebaut sind. Auf Grund ihrer Organisationshöhe kann man ihre lebenden Vertreter in scharf getrennte Klassen gliedern. Es sind dies die Rundmäuler, Fische, Amphibien, Reptilien, Vögel und Säugetiere (Abb. 2). In dieser Reihenfolge zeigen diese Klassen einen Fortschritt in ihrer Leistungsfähigkeit, eine Höherentwicklung. Das zeitliche Auftreten der Wirbeltierklassen im Laufe der Erdgeschichte entspricht genau dieser Rangfolge (Abb. 3). Die ältesten fossilen Wirbeltiere sind Rundmäuler, fischartige Lebewesen ohne Kieferapparat. Nach ihnen erscheinen die eigentlichen Fische, sodann die Amphibien, dann die Reptilien (und Vögel), deren Herrschaft durch diejenige der Säugetiere abgelöst wird. Als letzter tritt der Mensch auf den Plan.

Bei der Begründung seiner Lehre kannte Darwin noch keine Zwischenformen, welche die einzelnen Wirbeltierklassen miteinander verbinden. Das Fehlen dieser notwendigen Beweisstücke zum Nachweis einer realen Evolution bot den Gegnern der Abstammungslehre einen höchst willkommenen Angriffspunkt. Seither konnte die Paläontologie solche «missing links» nachweisen. Alle zeigen eine Mischung konservativer und progressiver Merkmale, ein Mosaik von Eigenschaften der Vor- und Nachfahren. Man spricht deshalb von einem Mosaikmodus der Evolution.

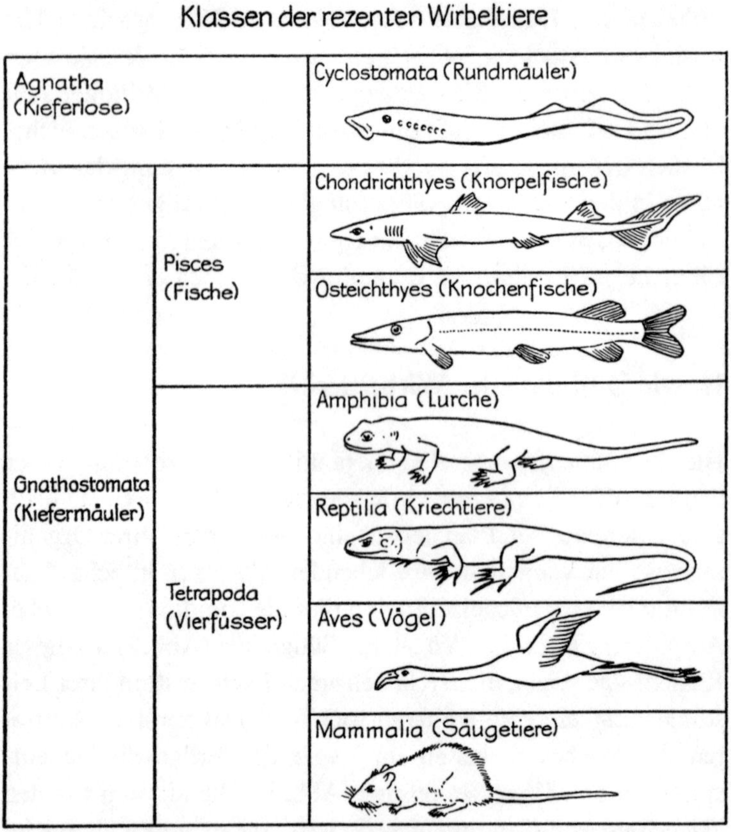

Klassen der rezenten Wirbeltiere

Agnatha (Kieferlose)		Cyclostomata (Rundmäuler)
Gnathostomata (Kiefermäuler)	Pisces (Fische)	Chondrichthyes (Knorpelfische)
		Osteichthyes (Knochenfische)
	Tetrapoda (Vierfüsser)	Amphibia (Lurche)
		Reptilia (Kriechtiere)
		Aves (Vögel)
		Mammalia (Säugetiere)

Abb. 2   Die Klassen der heute lebenden Wirbeltiere.

Um von einer Klasse zur nächsthöheren zu gelangen, wird ein Übergangsfeld in kleinen und kleinsten Schritten durchquert. Es ist aber nicht so, dass dieses Feld nur von einem einzigen Zweig durchlaufen wird. Mehrere Gruppen entwickeln sich mehr oder weniger parallel und unabhängig voneinander, mit verschiedener Geschwindigkeit, in Richtung zur höheren Organisationsstufe hin. Von ihnen ist letzten Endes meist nur eine einzige Linie erfolgreich. Im Besitze einer bisher unbekannten, leistungsfähigeren Merkmalskombination breitet sich diese Gruppe plötzlich aus.

Jeder endgültigen Erreichung einer neuen Entwicklungsstufe geht also eine mehr oder weniger lange Inkubationszeit voraus,

16

Erdgeschichtliche Zeittafel

Millionen Jahre	Zeit-alter	Periode	Tierwelt
≡ 3 ≡	Erd-neu-zeit	Quartär	≡ Menschen  ≡≡ 🏃 ≡
		Tertiär	Entfaltung der Säugetiere
— 67 —			
	Erd-mittel-alter	Kreide	
— 137 —			
		Jura	Erste Vögel
— 195 —			
		Trias	Erste Säugetiere
— 225 —			
	Erd-alter-tum	Perm	
— 285 —			
		Karbon	Erste Reptilien
— 350 —			
		Devon	Erste Amphibien
— 405 —			
		Gotlandium (Silur)	Erste Fische
— 440 —			
		Ordovizium	Erste Rundmäuler
— 500 —			
		Kambrium	
			Marine Wirbellose
— 570 —			
		Praekambrium	

Abb. 3   Die Evolution der Wirbeltiere im Laufe der Erdgeschichte.

worauf eine explosionsartige Ausbreitung erfolgt. Erst nach einem verborgenen Leben von über hundert Millionen Jahren erscheint die ganze Formenfülle der höheren Säugetiere. Mit Beginn der Erdneuzeit tauchen 25 Ordnungen auf. In der folgenden, 60 Millionen Jahre dauernden Geschichte der Säugetiere kommt keine einzige neue Ordnung hinzu. Natürlich steht die Entwicklung nicht still. Es findet eine grossartige Radiation der Formen statt, wobei zahlreiche Sonderanpassungen ausgebildet werden. Daneben sterben viele Formen aus.

Wir können also prinzipiell zwei Entwicklungsprozesse unterscheiden. Der eine zielt darauf hin, eine höhere Organisationsstufe zu erreichen. Man hat ihn Anagenese genannt. Der andere Prozess, die Cladogenese, spielt sich im Bereich einer Entwicklungsstufe ab. Er strebt darnach, durch Anpassung möglichst viele Lebensräume zu erobern (Abb. 4). Diese biologische Vervollkommnung geht meist auf Kosten zukünftiger Entwicklungsmöglichkeiten.

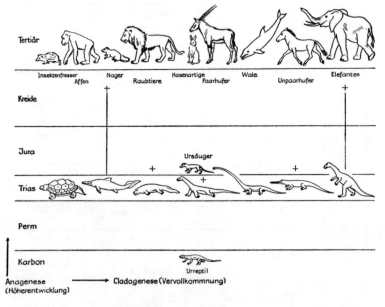

Abb. 4   Anagenese und Cladogenese der Reptilien und der Säugetiere.

Anagenese bedeutet Höherentwicklung. Was haben wir darunter zu verstehen? Der Ausdruck enthält eine Wertung und geht über die blosse Beschreibung hinaus. Wenn wir den faszinierenden Aufstieg der Wirbeltiere im Laufe der Erdgeschichte verfolgen, sind vor allem zwei Fortschritte besonders sinnfällig. Es sind die zunehmend bessere Fürsorge für die Nachkommenschaft und die wachsende Unabhängigkeit von der Umwelt.

Die Fische sind streng an das Wasser gebunden. Die Amphibien verbringen noch ihre Jugend im Süsswasser. Erst die Reptilien konnten sich endgültig vom Wasser lösen. Die warmblütigen Vögel und Säugetiere kennen keine klimatischen Schranken mehr. – Allen anderen Wirbeltieren sind die lebendgebärenden Säugetiere ferner darin überlegen, dass sie dem Keim im mütterlichen Körper nicht nur Nahrung und Wärme, sondern auch vermehrten Schutz bieten. Die Zahl der Nachkommen kann deshalb drastisch gesenkt werden.

Diese Höherentwicklung ist einer Reihe von Leistungssteigerungen zu verdanken, die man bei allen Organsystemen beobachten kann. Kein anderes Organ ist jedoch für die Anagenese so wichtig wie das Gehirn. Die Vervollkommnung der Endhirnhemisphären ist eines der eindrucksvollsten Geschehen bei der Evolution der Wirbeltiere. Diese paarigen Ausstülpungen des Vorderhirns begannen als Orte der Geruchsrezeption. Bald wurden sie zu grossen Zentren der sensiblen Korrelation ausgebaut. Auf der Stufe der Säugetiere sind die ausgedehnten Hemisphären zum Sitz höchster geistiger Fähigkeiten geworden. An «Unternehmungsgeist» und «Erfindungsgabe» ist selbst das dümmste Säugetier ein «intellektueller Riese», verglichen mit irgendeinem Reptil.

III. Die Evolution des Menschen

Nachdem wir einige wichtige Ergebnisse der Wirbeltierpaläontologie kennengelernt haben, wenden wir uns dem speziellen Thema, der Evolution des Menschen zu. Bevor wir uns mit den fossilen Dokumenten befassen, wollen wir uns bei den Zoologen orientieren, wie sie die Stellung des Menschen im Reich der Natur beurteilen. Seit der Zeit Linnés, seit dem 18. Jahrhundert, schwankt das Urteil unter den Zoologen kaum ernsthaft. Unter ihnen besteht kein Zweifel, dass dem Menschen ein Platz neben den Menschenaffen zukommt. Zahlreiche Einzelheiten des menschlichen Körpers sprechen für eine solch enge Verwandtschaft. Wohl zeichnet sich der Mensch durch einige Besonderheiten aus. Wir denken an den aufrechten Gang, an die Kombination eines sehr grossen Gehirns mit einem kleinen Kauapparat, an sein besonderes Zahngepräge. All das sind jedoch in den Augen des messenden und zählenden Morphologen nur rein quantitative Unterschiede. Deshalb charakterisiert die bekannte Anthropologin I. Schwidetzky (1971) in Mainz den Menschen als «aufrechtgehenden, haarlosen, grosshirnigen Primaten».

Ein Ausschnitt aus dem zoologischen System der Primaten oder Herrentiere sieht deshalb wie folgt aus:

Überfamilie: Hominoidea (höhere Primaten)
Familie: Hylobatidae (kleine Menschenaffen) mit Gibbons und Siamang
Familie: Pongidae (grosse Menschenaffen) mit Orang, Schimpanse und Gorilla
Familie: Hominidae (Menschen)

Mensch und Menschenaffen müssen deshalb eine gemeinsame stammesgeschichtliche Wurzel haben. Wie diese Geschichte tatsächlich verlaufen ist, darüber kann uns der Zoologe keine Antwort geben. Dagegen verraten Fossilien, wann und wie sich die spezifisch menschlichen Eigenschaften des Skelettes herausgebildet haben. Entscheidend für die Beurteilung der Organisationshöhe eines Lebewesens ist seine Leistung. Diese können wir am Skelettsystem nur unvollkommen und indirekt erschliessen. Wir haben dies bei der Beurteilung des fossilen Menschen im Rahmen der Wirbeltiere zu bedenken.

1. Primaten des Tertiärs

Schon die ältesten sicheren Affen waren Baumbewohner und sind es in der Folge zur Hauptsache geblieben. Waldgebiete sind für eine fossile Überlieferung von Knochen und Zähnen sehr ungünstig. Deshalb sind Funde fossiler Affen sehr selten. Trotzdem erlaubt die bisherige Ernte an Dokumenten folgendes Bild der Primaten-Evolution zu entwerfen.

Die ältesten, dürftigen Reste von Plazental-Säugetieren

kennt man aus der Oberkreide. Mit dem Beginn der Erdneuzeit ändert sich das Bild schlagartig. Nun erscheinen die Säugetiere in ihrer ganzen Breite. Erst in der etwa 14 Millionen Jahre umfassenden Zeitspanne des Oligozäns, das vor rund 40 Millionen Jahren begann, findet man die ersten sicheren Spuren höherer Affen (Abb. 5). Es sind zwei geographisch getrennte Gruppen.

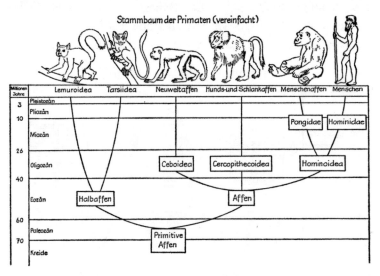

Abb. 5   Stammbaum der Primaten (vereinfacht).

In der Neuen Welt begegnen wir den breitnasigen Ceboidea (Neuweltaffen). In der Alten Welt sind es die schmalnasigen Cercopithecoidea und Vertreter der Hominoidea (Menschenaffen). Heute weiss man, dass Menschenaffen, die Dryopithecinen, in der folgenden Jungtertiärzeit (Miozän – Pliozän) ein gewaltiges Gebiet der östlichen Erdhälfte durchstreiften, von Spanien im Westen bis Indien und China im Osten, südwärts von Ägypten bis Südafrika. Ihr Skelett ist wenig spezialisiert, das Gebiss ähnlich dem grosser Menschenaffen. Die Mehrzahl ihrer Nachfahren blieb dem Urwald treu. Unter ihnen finden sich die Ahnen der grossen, heute lebenden Menschenaffen. Nur wenige Funde sind nicht den Dryopithecinen zuzuweisen. Darunter ist die Gattung Ramapithecus (Miozän – Pliozän) aus Indien und Afrika deshalb besonders interessant, weil ihre

Vertreter ein menschenähnliches Gebiss besitzen. Leider ist das postkraniale Skelett noch unbekannt, so dass über ihre Körperhaltung (quadruped oder biped) nur spekuliert werden kann. Auf Grund dieser dürftigen Dokumente wird von vielen Forschern angenommen, dass sich vor etwa 20 bis 25 Millionen Jahren eine Gruppe von Menschenaffen vom Baumleben trennte und sich der offenen Landschaft zuwandte (Abb. 6). Sicheren Boden betreten wir erst zu Ende des Pliozäns und im Pleistozän. Da eine genaue zeitliche Datierung solcher Funde

Aufspaltung der Altweltaffen

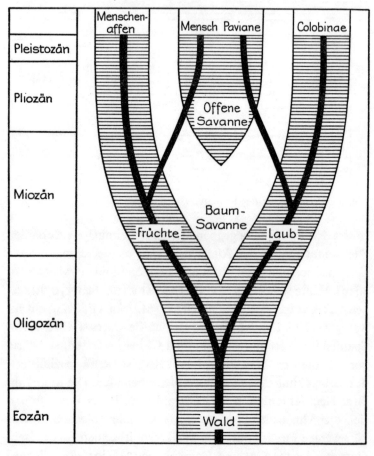

Abb. 6 Aufspaltung der Altweltaffen in verschiedene Vegetationszonen im Laufe der Erdneuzeit.

22

unentbehrlich ist, müssen wir kurz auf die Chronologie des Pleistozäns, auch Eiszeitalter genannt, hinweisen.

2. Chronologie des Pleistozäns

Gegen Ende des Tertiärs begann die Temperatur auf der ganzen Erde zu sinken. Dies führte im Pleistozän zu einem ausserordentlichen Anwachsen der Gletscher. Gewaltige Wassermassen der Meere wurden als Schnee und Eis gebunden und dadurch dem Kreislauf entzogen. Deshalb sank auf der ganzen Erde der Spiegel der Ozeane. Die Klimagürtel verschoben sich gegen den Äquator. In den niedrigen Breiten herrschte ein Pluvialzeitalter, mit regional und zeitweise vermehrten Niederschlägen. Nicht nur einmal – nein mehrmals – reissen in mittleren Breiten riesige Eismassen die Herrschaft an sich. Dazwischen lagen Jahrzehntausende, während denen das Klima gleich wie heute oder etwas wärmer war. Beginn und Dauer des Pleistozäns waren lange sehr umstritten. Man sah sich gezwungen, das Problem 1948 durch eine Konvention zu lösen. So liess man das Pleistozän mit der marinen Calabrischen Stufe beginnen. Auf dem Kontinent entspricht dies dem Beginn des Mittel-Villafranchium vor etwa drei Millionen Jahren. Das Pleistozän endete vor etwa 10000 Jahren (Abb. 7).

Im Pleistozän folgen sich drei Entwicklungsstufen der Menschheit:

die Urmenschen (Australopithecinen),
die Frühmenschen (Pithecanthropinen) und
die Jetztzeitmenschen (Homo sapiens).

Wir treten nun auf diese drei Etappen ein.

3. Die Urmenschen (Australopithecinen)

Der erste Fund eines Australopithecinen, ein Kinderschädel, gelangte 1924 in die Hände von Professor Raymond Dart in Johannesburg (Abb. 8). Er stammte aus einer Höhle bei Taungs in Betschuanaland (Südafrika). Dart taufte ihn *Austra-*

Gliederung des Pleistozäns			
Jahre	Abschnitte	Stufen	Funde
100'000	Jung-	Würm-Eiszeit	Sapiens
500'000	Mittel- und Alt-	Riss-Eiszeit	(Steinheim)
		Mindel-Eiszeit	(Heidelberg)
1'000'000		Mosbachium	Pithecanthropus Australopithecus
2'000'000	Ältest- Pleistozän	Oberes und Mittleres Villafranchium	(Oldoway)
3'000'000			(Rudolfsee)
	Pliozän		(Aethiopien) Australopithecus

Abb. 7   Gliederung des Pleistozäns.

lopithecus africanus (Abb. 8). Er erblickte in ihm eine Entwicklungsstufe zwischen den Menschenaffen und dem Menschen. Diese Behauptung stiess auf einmütige Ablehnung durch die massgebenden Anthropologen. Sie sorgten dafür, dass «Dart's Baby» aus der wissenschaftlichen Diskussion verschwand. Robert Broom, Arzt und hervorragender Paläontologe, war beru-

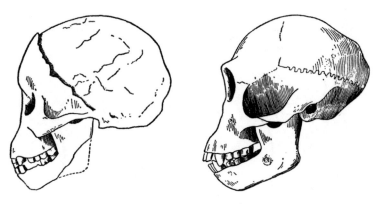

Abb. 8 Schädel des ersten Fundes von *Australopithecus* (Dart's Baby) links, verglichen mit dem Schädel eines Schimpansen gleichen Zahnalters.

fen, diese Mauer des Schweigens einzureissen. Er trat vorbehaltlos für die Ansicht von Dart ein. Diese konnte jedoch nur durch weitere Funde bewiesen werden. Brooms Jagd seit 1936 war an verschiedenen Orten Südafrikas erfolgreich. Heute liegen Zähne, Schädel- und Skelettreste von über hundert Individuen vor. Es zeigte sich dabei, dass neben dem zierlichen *Australopithecus africanus* eine grössere Art, *Australopithecus robustus (Paranthropus)* lebte.

Die Australopithecinen werden heute als Glieder der Menschenfamilie, der Hominidae, angesehen. Zwar war ihr Gehirn nur um weniges höher entwickelt als dasjenige der heute lebenden Menschenaffen (Abb. 9). Die mittlere Schädelkapazität oder das Gehirnvolumen beträgt bei ähnlichem Körpergewicht 500–600 cm³ gegenüber 400–500 cm³ bei den Menschenaffen. Für *Homo sapiens* gelten 1300–1500 cm³ als Durchschnittswerte. Der schnauzenartig vorspringende Gesichtsschädel der Australopithecinen ist gross. Ihre fliehende, niedrige Stirne, ein beträchtliches Überaugendach, kräftige Jochbogen und das Vorkommen eines Scheitelkammes bei grossen Individuen erwecken den Eindruck eines Affenschädels. Daneben stösst der Untersucher jedoch auf eine Reihe ausgesprochen menschlicher Züge. Beckengürtel und Hintergliedmassen zeigen konstruktive Anpassungen an einen aufrechten Gang. Das Gebiss ist durchaus menschlich (Abb. 10).

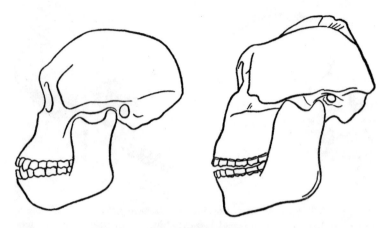

Abb. 9 Schädel von Australopithecinen. Links *A. africanus*, rechts *A. robustus*.

Die zierlichen Australopithecinen lebten in Verbänden, sammelten und jagten gemeinschaftlich. Die Jagd darf dabei nicht überbewertet werden. Sie trug wohl höchstens zu einem Viertel zur Ernährung bei. Die Lebensdauer der Australopithecinen betrug durchschnittlich nur 18, höchstens 40 Jahre. Bei einer Geschlechtsreife mit 13 Jahren besassen sie deshalb meist keine Eltern mehr. Eine soziale Organisation musste dafür sorgen, dass die Erhaltung des Verbandes gesichert war.

Hat *Australopithecus* schon Werkzeuge benützt und Geräte hergestellt? Diese Frage konnte man in Südafrika nicht überzeugend beantworten. Dies gelang erst nach dem Zweiten Weltkrieg. Damals rückte ein weiteres Fundgebiet fossiler Menschenformen ins Blickfeld, die tiefe Oldoway-Schlucht in der Serengetisteppe Ostafrikas. Die in der Schlucht entblössten Schichten liefern ein fast lückenloses Bild der Evolution der Menschheit vom Ende des Pliozäns bis zur unmittelbaren Gegenwart. Ihr Erforscher und Deuter ist der Engländer Louis S.B. Leakey, der 1931 erstmals zu einer Oldoway-Expedition aufgebrochen war.

Leakey fand sowohl den schwer gebauten *Australopithecus (A. boisei, Zinjanthropus)* als auch den grazilen Vetter, den er *Homo habilis* nannte. Die frühere vulkanische Tätigkeit in Ostafrika gestattete zudem absolute Altersbestimmungen. Die

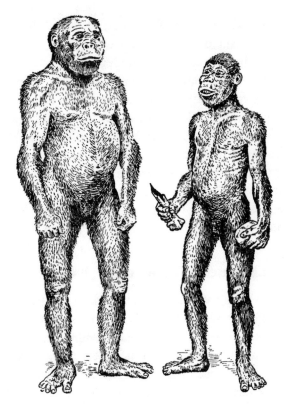

Abb. 10   Lebensbild von *Australopithecus africanus* (rechts) und *A. robustus* (links). *A. robustus* war etwa 1,65 m gross und hatte ein Gewicht von rund 70 kg, *A. africanus* hatte eine Grösse von etwa 1,3 m und wog höchstens 50 kg. Weibliche Individuen besassen geringere Masse. Nach E. Steitz.

ältesten Vertreter der Australopithecinen sind etwa drei Millionen Jahre alt. Die Form *A. robustus* überlebte bis etwa 500 000 Jahre v. Chr., um als steriler Seitenzweig auszusterben. Die Linie des *A. africanus* entwickelte sich möglicherweise, wie die Funde von Oldoway zu zeigen scheinen, zum *Homo erectus.* Diese Annahme ist jedoch nicht unumstritten.

Ganz besonders wichtig ist, dass Leakey 1960 nachweisen konnte, dass man den zierlichen Australopithecinen von Oldoway eine Gerätekultur zuweisen kann. Es handelt sich um primitiv zugerichtete Steinwerkzeuge, sogenannte Geröllgeräte. Sie haben also, was Dart schon 1955 behauptete, nicht nur

Werkzeuge verwendet. Ein Werkzeug ist jedes Objekt, das im natürlichen Zustand, vielleicht nur einmal, benützt wird. Ein Gerät ist ein bewusst ausgelesener Gegenstand, der zweckmässig zugerichtet und wiederholt verwendet wird. Knochen und Hornzapfen von südafrikanischen Fundorten deutete Dart als planvoll zugerichtete Geräte. Er spricht von einer osteodontokratischen Kultur von *Australopithecus africanus*. Werkzeuggebrauch kennt man auch von den Menschenaffen. Die Australopithecinen dagegen stellten bewusst Geräte für einen bestimmten Zweck her. Das ist eine menschliche Leistung. Den Gebrauch des Feuers kannten sie dagegen nicht. Es ist dies eine Errungenschaft der Frühmenschen oder Pithecanthropinen.

4. Die Frühmenschen (Pithecanthropinen)

Ernst Haeckel, der Vorkämpfer Darwins in Deutschland, hielt in unzutreffender Weise den Gibbon für einen besonders nahen menschlichen Verwandten. Deshalb glaubte er, die Menschwerdung hätte sich auf dem malaiischen Archipel vollzogen. Diesem hypothetischen Ahnen der Menschheit gab er den Namen «Affenmensch», *Pithecanthropus*. Beeindruckt von dieser Vermutung, liess sich der Holländer Eugène Dubois als Militärarzt nach Sumatra und Java versetzen, um dort das missing link zu suchen. Er hatte das unerhörte Glück, in kürzester Zeit, 1891, beim Dorf Trinil auf Java zunächst eine Schädelkalotte mit einem Überaugendach, dann einen Oberschenkelknochen sowie einen Backenzahn zu finden. Dubois nannte seinen Fund *Pithecanthropus erectus*, «aufrechter Affenmensch». Durch seine menschliche Form zeigte der Oberschenkelknochen, dass sein Träger aufrecht ging. Der Fund entfesselte einen jahrelangen Streit. Heute kann als sicher angenommen werden, dass wir es bei *Pithecanthropus* mit einem Menschen zu tun haben, mit dem *Homo erectus erectus*, wie er heute genannt wird. In den Jahren 1936–1939 entdeckte der Paläontologe G. H. R. v. Koenigswald weitere mittelpleistozäne und zum Teil ältere Reste (Funde von Sangiran, Mitteljava), die unsere Kenntnis des Java-Menschen abrundeten.

Das Verbreitungsgebiet des *Homo erectus* erstreckte sich weit über den malaiischen Archipel hinaus. Besonders ergiebig erwies sich eine Höhle bei Choukoutien, südwestlich von Peking, die seit 1920 untersucht wurde. Zuletzt besass man 14 Schädelreste und 11 Unterkiefer, etwa 150 Zähne und einige Extremitätenknochen. Der Peking-Mensch oder *Homo erectus pekinensis* ist mit einem Alter von rund 450000 Jahren etwas jünger als sein Vetter in Java. Ein gewaltiges tierisches Knochenmaterial, Teilhard de Chardin spricht von 150 Kisten, zeigt, dass der Peking-Mensch ein Jäger war. Sein Lebensraum war eine hügelige, offene Landschaft, die von Waldinseln durchsetzt war. Das Klima war warm, gemässigt und feuchter als gegenwärtig, die Gegend reich belebt von Gross- und Kleinsäugern. Die Population von Choukoutien kannte und benützte das Feuer. Die zerschlagenen menschlichen Skelettreste, vor allem der Herausbruch der Schädelbasis, sprechen dafür, dass der Peking-Mensch auch Artgenossen verzehrte. Die Vermutung liegt nahe, dass es sich um Kopfjäger handelte. Diese Sitte des Kannibalismus war bis vor kurzer Zeit bei den Naturvölkern, vor allem in Südostasien, verbreitet. Der Peking-Mensch dürfte also ein kultisches Denken und Handeln besessen haben. Der Zweite Weltkrieg hat grausam in die Erforschung der Peking-Funde eingegriffen. Nachdem die Bomben auf Pearl Harbor gefallen waren, verlor sich jede Spur der Funde von Peking.

Charakteristisch für den Schädel von *Homo erectus* ist die Kombination eines relativ kleinen Gehirns von 900–1200 cm³ Volumen mit einem relativ grossen Kauapparat (Abb.11). Der niedrige, dickwandige Hirnschädel besitzt eine fliehende Stirn mit einem visierähnlichen Überaugendach. Die schwere Kieferpartie springt schnauzenartig vor. Ein eigentliches Kinn fehlt. Nach den wenigen postkranialen Skelettresten zu schliessen, waren sie im Körperbau dem Jetztmenschen sehr ähnlich. Ihre Werkzeuge sind besser bearbeitet als diejenigen der Australopithecinen. – Weitere Unterarten von *Homo erectus* kennt man aus Europa und Afrika. Sie werden als Westgruppe der soeben charakterisierten Ostgruppe gegenübergestellt (Abb.12).

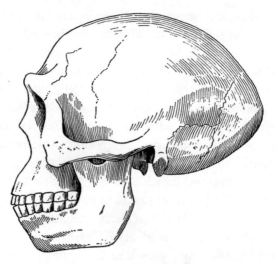

Abb. 11 Rekonstruktion des Schädels des Peking-Menschen (*Homo erectus pekinesis*).

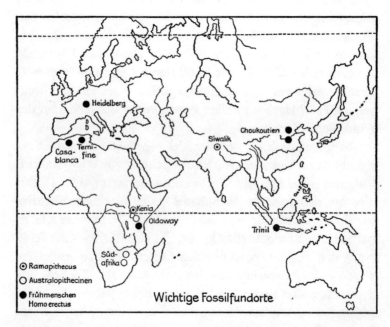

Abb. 12 Wichtige Fundorte von *Ramapithecus* und Australopithecinen sowie des *Homo erectus*.

Der von Dubois entdeckte Java-Mensch wird auf den von G.H.R. von Koenigswald 1939 in Sangiran (Mitteljava) entdeckten *Homo erectus modjokertensis* aus dem unteren Pleistozän zurückgeführt. Dieser soll das erstaunliche Alter von 1900000 Jahren aufweisen. Mit einer Schädelkapazität von 775 cm³ nähert er sich dem ostafrikanischen *Homo habilis* (680 cm³), der dem *Australopithecus africanus* nahestehen soll. Ist diesen Angaben Vertrauen zu schenken, so hätten die Frühmenschen während einer Zeitspanne von mindestens 1700000 Jahren in der Alten Welt gelebt. Ihre Beziehungen zu den jungpleistozänen Hominiden sind noch ungeklärt (Abb.13).

5. Die spätpleistozänen Hominiden

Funde fossiler Menschenreste aus dem Jung-Pleistozän stammen vor allem aus Europa. Es ist dies das Ergebnis einer besonders intensiven Grabungs- und Forschungstätigkeit. Dabei ist zu bedenken, dass Europa nicht nur geographisch, sondern auch hinsichtlich der menschlichen Evolution peripher liegt. Den Hiatus zwischen *Homo erectus* und *Homo sapiens* werden erst weitere aussereuropäische Funde überbrücken können. Dabei zeichnet sich immer deutlicher ab, dass der sogenannte Neandertaler, *Homo sapiens neanderthalensis*, nicht in die direkte Linie gehört, die zum *Homo sapiens sapiens* führt. Der klassische Neandertaler scheint auf Europa beschränkt gewesen zu sein. Er hat nur während einer relativ kurzen Zeitspanne zu Beginn der Würm-Kaltzeit gelebt. Seine Toten hat er sorgfältig bestattet. Die Beigaben, die man in den Gräbern fand, sprechen für seinen Glauben an ein Weiterleben nach dem Tode. – Schon vor dem Auftreten des Neandertalers treffen wir menschliche Dokumente, die man als «Praesapiens-Formen» betrachten muss.

Der moderne Mensch, *Homo sapiens sapiens*, erscheint im östlichen Mittelmeergebiet bereits während der beginnenden Würm-Kaltzeit. Im Verlauf des folgenden wärmeren Interstadials breitet er sich über ganz Europa aus und verdrängte oder sog den klassischen Neandertaler auf. Mit seinem Erscheinen

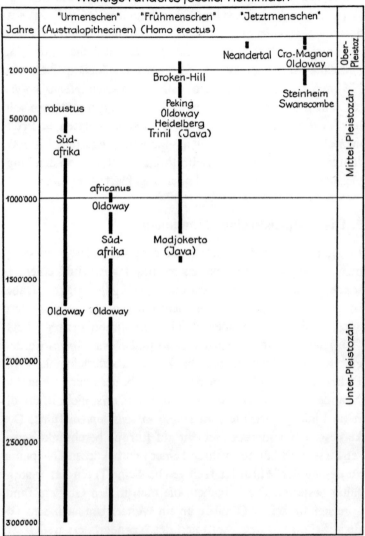

Abb. 13 Wichtige Funde fossiler Hominiden und ihr erdgeschichtliches Alter. Vereinfacht nach E. Steitz.

wird Europa von Steppenpflanzen und Steppentieren überflutet, die bis an die atlantische Küste vordrangen. Zuerst gemässigt, bekommt die Steppenfauna einen zunehmend arktischen

Charakter. An Stelle der Saïgaantilopen und Wildesel traten Ren und Moschusochsen.

Wie beim heutigen Menschen sind die Gliedmassen der Einwanderer relativ lang und schlank. Der Hirnschädel ist hochgewölbt, ein Überaugendach fehlt. Die schmale knöcherne Nase tritt meist stark aus dem Gesicht hervor. Der grazile Unterkiefer besitzt ein mehr oder weniger ausgeprägtes Kinn. Das Gehirnvolumen entspricht dem des heutigen Menschen.

Der *Homo sapiens praesapiens* ist durch eine robustere und altertümlichere Merkmalsprägung ausgezeichnet. Sicher datierte Funde aus der Riss-Würm-Warmzeit sind in Europa aus Steinheim an der Murr in Süddeutschland, Swanscombe in England, Quinzano in Oberitalien und Fontéchevade in Frankreich bekannt geworden. Ihnen kommt ein relativ hohes Alter von 350000 bis 250000 Jahren zu. Man glaubt alle rezenten Menschenformen von ihnen ableiten zu können.

Homo sapiens sapiens war Träger eines «höheren Jagdtums». Er spezialisierte sich oftmals auf bestimmte, meist besonders individuenreiche Wildarten. So widmeten sich die mitteleuropäischen Jäger des ausgehenden Würms, im Magdalénien, der Erbeutung des Wildrens, wobei sie daneben auch Wildpferde und Schneehühner erlegten. Da die Rentierherden sich in dauernder Bewegung befanden, war das häufige Verlegen der Lagerplätze notwendig. Alles ist auf die Jagd, auf das Wild konzentriert. Dieses enge Verhältnis des Menschen zum Tier spiegelt sich auch in seiner kultischen Kultur wider. Während des Magdaléniens erreicht der Mensch, sowohl was gemalte und gravierte Darstellungen in Höhlen als auch was Ritzzeichnungen und Skulpturen auf Stein und organischen Materialien betrifft, einen absoluten Höhepunkt.

Mit dem endgültigen Rückzug der Gletscher verschwinden die fremdartigen östlichen und nördlichen Tiere in Europa. In gleichem Masse, wie der Wald und natürliche Wiesen sich ausbreiten, gewann eine Wald- und Weidefauna die Oberhand und schliesslich den Alleinbesitz des Bodens. Ihr Charaktertier ist der Hirsch, die Zeit im Gegensatz zur Rentierzeit die Hirschzeit.

Eines der wichtigsten Ereignisse in der Geschichte der Menschheit ist sodann das Aufkommen der neolithischen Kultur. Der Schritt war in erster Linie ein wirtschaftlicher. Das Neue bestand darin, dass der Mensch die völlige Abhängigkeit seiner Ernährung von der Natur zu überwinden vermochte. Er ging selber zur Produktion von Nahrungsmitteln über, und zwar sowohl auf dem tierischen als auch auf dem pflanzlichen Sektor. Das sagt sich sehr einfach. Auf beiden Gebieten, bei der Viehzucht und beim Getreidebau, dauerte die Entwicklung sehr lange. Sicher hat sie nicht im peripheren Europa stattgefunden. Bereits im 7. Jahrtausend v. Chr. kam in Vorderasien Keramik auf. Es könnte dies ein Anzeichen für eine Tendenz in bäuerlicher Richtung sein. Die Folge ist vorerst echte Sesshaftigkeit und das Dorf mit einer grösseren Einwohnerzahl. Damit war die Grundlage geschaffen, die zur Entstehung von Hochkulturen führen konnte. Mehr darüber zu sagen, erlaubt mir die zur Verfügung stehende Zeit nicht.

IV. Diskussion

«Was ist der Mensch?» Versuchen wir diese Frage aus der Sicht des Paläontologen zu beantworten. Erinnern wir uns an den grossartigen Aufstieg der Wirbeltiere im Laufe der Erdgeschichte. Er erfolgte in Stufen zunehmender Organisationshöhe und wachsender Leistungsfähigkeit. Diese stammesgeschichtliche Evolution haben wir Höherentwicklung oder Anagenese genannt. Um von einer Stufe zur nächsthöheren zu gelangen, wurde jeweils ein Übergangsfeld von Mosaikformen durchlaufen. Unter ihnen erreicht meist nur eine einzige Linie die entscheidenden konstruktiven und funktionellen Neuerwerbungen, um sich nach kürzerer oder längerer Zeit explosionsartig auszubreiten. Damit setzt die Vervollkommnung oder Cladogenese ein, mit ihren Anpassungen und Spezialisationen an möglichst viele Lebensräume und ökologische Nischen.

Auch der Mensch ging diesen Weg. Auch er begann mit klassischen Mosaikformen, wofür die Australopithecinen ein eindrückliches Modell liefern. Kennzeichnende Merkmale der Hominiden traten schon bei Zähnen der Ahnen der Australopithecinen auf, in einer späteren Phase wurde die Bipedie erworben. Konservativ bei Australopithecinen sind das relativ kleine Gehirn und der äffische Schädelbau, progressiv ist ihr aufrechter Gang. Die Zweibeinigkeit ist das Schlüsselmerkmal der menschlichen Evolution. Nun sind die Hände frei und können in den Dienst einer höheren Lebensbetätigung treten. Die Hand wird zum Kulturorgan. Nach diesem entscheidenden Schritt setzte der Umbau des Schädels ein, mit der Verkleinerung des Gebissapparates und der Vergrösserung des Gehirns. All dies erfolgte in kleinen und kleinsten Schritten. Noch sind wir weit davon entfernt, alle diese Schritte mit fossilen Dokumenten belegen zu können, und werden dies in Zukunft wohl auch nie imstande sein. Diese Lücken waren uns lange willkommen. Sie gestatteten uns, im menschlichen Fortpflanzungskontinuum Grenzen zu ziehen: Australopithecinen, Pithecanthropinen und *Homo sapiens*. In Tat und Wahrheit gab es keine Lücken. Dazu müssen wir mit einer grossen individuellen und geographischen Variabilität rechnen. – Seit dem Erscheinen von *Homo erectus* blieb die Menschheit immer eine biologische Art. *Homo sapiens* war von Anfang an ein Wanderer und Kolonisator. Gegen Ende des Pleistozäns ist er Kosmopolit, der sich nicht nur in Eurasien und Afrika ausbreitete, sondern auch Amerika und Australien erobert hatte (Abb. 14).

Mit der Evolution der Wirbeltiere geht eine wachsende Unabhängigkeit gegenüber der Umwelt einher. Dank der erworbenen Warmblütigkeit kennen Vögel und Säugetiere keine klimatischen Grenzen mehr. Der nächsthöhere Grad der Evolution besteht darin, dass ein Lebewesen die Aussenwelt seinen Lebensansprüchen aktiv anpasst. Diese Stufe ist jetzt vom Menschen erreicht. Mit Hilfe seiner geistigen Fähigkeiten und seiner sozialen Organisation ist es ihm möglich, die ökologischen Verhältnisse auf der Erde grundlegend zu ändern und seine Sinnes- und Wirkwelt über die Erde hinaus zu erweitern. Gleichzeitig erfolgte eine gewaltige Bevölkerungsexplosion.

Die Evolution des Menschen ist eine typische Anagenese

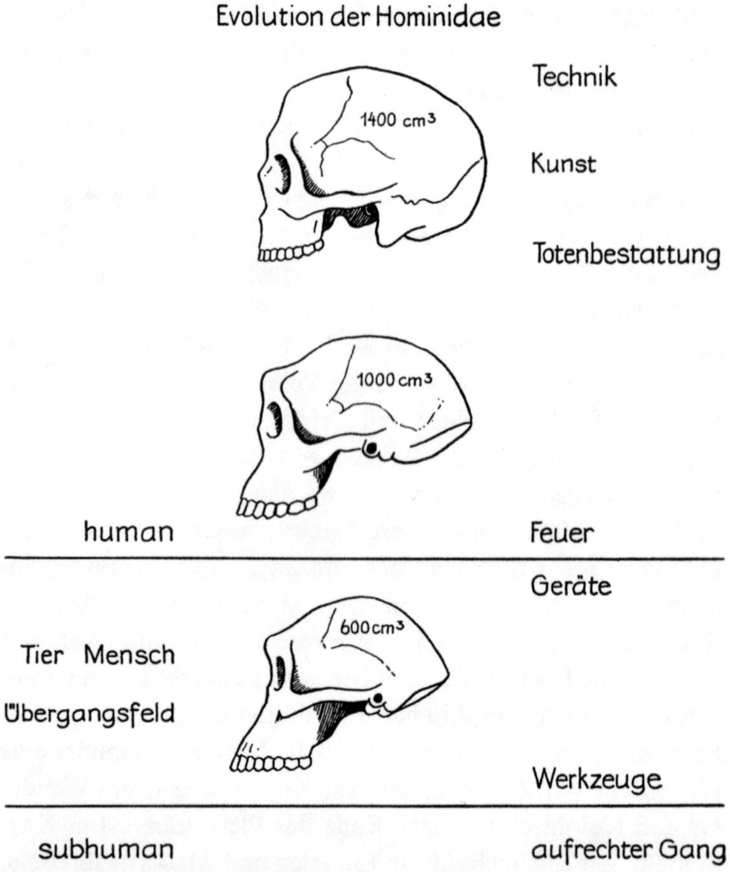

Abb. 14 Evolution der Hominidae. Tier–Mensch-Übergangsfeld (Australopithecinen) – *Homo erectus* – *Homo sapiens*.

oder Höherentwicklung. Der Mensch ist aus der Klasse der Säugetiere emporgestiegen und hat eine neue, höhere Organisationsstufe erreicht. Dem Menschen gebührt im System der Wirbeltiere deshalb eine besondere, die höchste Klasse. Abgesehen vom Gehirn haben sich die anatomischen Merkmale des Menschen während seiner Evolution nur wenig geändert. Das Entscheidende war fraglos die starke Entwicklung und Differenzierung des Vorderhirns. Damit wurde als wichtigste Neuerung die Sprache gewonnen.

Diese absolute Unterscheidung des Menschen vom Tier wird häufig durch die ungenaue Verwendung des Wortes Sprache verwischt, indem zum Beispiel von der «Sprache der Bienen» gesprochen wird. Die menschliche Sprache ist völlig verschieden von irgendeinem Verständigungssystem bei Tieren. Sichere Kenntnisse über das Auftreten der Sprache, der Fähigkeit zur Begriffsbildung und zum abstrakten Denken besitzt man bisher noch nicht. Die Sprache ist mehr als ein Mittel zu Verständigung. Erst sie ermöglicht die ureigenste Leistung des Menschen, die Kultur-Evolution. Wir verstehen darunter Ideen, Erfindungen, Traditionen, die nicht vererbt, sondern durch Kommunikation weitergegeben werden.

Diese letzte und höchste Entwicklungsstufe hat uns nicht nur eine der Tierwelt unbekannte Freiheit, sondern auch Verantwortung gebracht. Der Mensch weiss, dass er für sein Handeln verantwortlich ist. Er hat die Erkenntnis des Guten und Bösen erworben. Zugleich besitzt er die Mittel, mit deren Hilfe er in Frieden, Sicherheit und Wohlstand für unbegrenzte Zeiten leben könnte. Sein Hauptproblem ist, wie er dieses Ziel erreichen wird.

Die Evolution des Menschen steht nicht still. Geologisch gesehen steht er erst an ihrem Anfang. Mit wesentlichen anatomischen Änderungen wird nicht mehr zu rechnen sein. Seine Zukunft wird von der Kultur-Evolution beherrscht werden. Dabei ist zu bedenken, dass Kultur nicht erblich ist. Mit dem Abreissen der Traditionen, mit dem Fehlen der Übermittlung kultureller Werte können wir auf frühere Kulturstufen zurückfallen. Kultur kann jederzeit gemehrt, jedoch auch jederzeit gemindert werden.

Die Evolution der Wirbeltiere lehrt uns noch ein weiteres. Es ist der Trend, durch bessere Fürsorge für die Jungen die Geburtenrate zu senken. Die freiwillige Anpassung der Geburtenrate aller sozialer Schichten der Menschheit an die Bedürfnisse der Gesellschaft ist die grundlegende Voraussetzung für jeden Versuch, die Zukunft der Evolution zu steuern. Doch damit habe ich meine Kompetenzen als Paläontologe bereits überschritten.

Ich hoffe, Ihnen gezeigt zu haben, wie ich als Paläontologe die Evolution des Menschen beurteile. Es konnten dabei nur einige Stationen des langen und mühsamen Werdens gezeigt werden. Welche Ursachen hinter dieser Evolution stecken, welche rätselhaften Gestaltungskräfte im Spiele sind, ist noch völlig unbekannt. Gewiss werden sie durch Gene ermöglicht. Aber dies ist keine Erklärung, sondern nur eine Feststellung. Die zahllosen offenen Fragen und Probleme sollten auch den hochgemutetsten Naturforscher zur Demut zwingen.

Detlev von Uslar

Mensch und Tier –
Zur philosophischen und psycho-
logischen Bedeutung der Phylogenese

Jetzt ist es unsere Aufgabe, das Bild des Menschen, das sich aus dem Wissen um die Phylogenese ergibt, in philosophischer und psychologischer Sicht zu betrachten. – Wir alle, die wir hier in diesem Raum versammelt sind, sind Menschen. Aber ebensosehr ist der Satz richtig, dass wir alle Primaten sind, dass wir alle Säugetiere sind und dass wir alle Wirbeltiere sind. Wenn man aber in einem Gespräch oder in einer Diskussion die Wendung benutzt: «Der Mensch und die anderen Tiere», wenn man also damit ernst macht, dass wir in irgendeiner Weise auch Tiere sind, dann löst man damit fast immer Erstaunen und Befremden oder Widerstand aus.

Ich finde den Gedanken, dass der Mensch als Säugetier und Wirbeltier eine ganz bestimmte Stellung im Tierreich hat, nicht erschreckend. Nur darf man diesen Gedanken nicht einfach im Sinne des Materialismus oder Biologismus auffassen. Er muss also nicht die Bedeutung eines nur entlarvenden «Nichts als ...» haben. Es muss nicht heissen: «Der Mensch ist eben nichts als ein Tier.» Eher scheint es mir eigentlich umgekehrt zu sein. Die Tatsache nämlich, dass es dadurch, dass wir existieren, ein Tier gibt, welches Vernunft hat und welches sprechen kann, ein Tier, welches um Sein und Nichts weiss, über sein eigenes Sein nachdenken und über sein zukünftiges Nichtsein erschrecken kann, diese Tatsache beweist, dass das Tier überhaupt mehr ist als eben «nur» Tier. Sie zeigt, dass im tiefsten Grunde des Lebens Geist und Vernunft als Möglichkeiten angelegt sein müssen.

Wir wollen also hier versuchen, den Menschen als ein Lebewesen zu sehen, das nicht einfach nur den Tieren gegenübergesetzt werden kann, sondern das durch seine ganze organische Struktur und seine leibliche Wirklichkeit zu den anderen Lebewesen dieser Erde gehört. Was wir mit den Tieren teilen, ist vor allem die elementare Tatsache der Leiblichkeit. Das menschliche Da-Sein ist als solches Leib-Sein. Wir *sind* ja nur, wir *existieren* ja nur als diese leiblichen Lebewesen: Wir sind durch den Leib, durch unser Leib-Sein, da.

Hieraus ergibt sich eine weitere Konsequenz: Wir sind als diese leiblichen Lebewesen ein Teil der *Natur*. Wir sind selbst ein Stück Natur, und das bedeutet, dass wir durch unsere eigene Existenz einen Zugang zum Sein der Natur überhaupt haben. Was Natur ist, wissen wir nicht nur durch die äussere Wahrnehmung, nicht nur durch das, was die Naturwissenschaft, so wie sie sich in der Neuzeit entwickelt hat, thematisiert, nämlich die Natur als *Objekt*, als Gegenstand; sondern was Natur ist, das erfahren wir auch in unserem *eigenen* Sein. Aus diesen Überlegungen folgt, dass das, was mit Heideggers Ausdruck «das Dasein» gemeint ist – nämlich das Sein, das wir selbst sind und das wir darum auch zu übernehmen haben –, etwas mit dem Sein der Natur und mit dem Sein des Tiers zu tun hat.

Wir haben in unserem eigenen Sein einen Zugang zum Sein des Tieres, und zwar zum Sein des Tieres, das wir selber sind. Daraus ergibt sich eine ganze Reihe von Konsequenzen, nicht nur philosophischer, sondern auch wissenschaftlicher Art. Es wird ja immer gesagt: «Man kann über die Tiere nur wissen, was man beobachten kann, denn man kann ja nicht mit ihnen sprechen. Sie können uns nicht etwas mitteilen, so wie wir als Menschen einander etwas mitteilen können. Wir können nicht wissen, wie es in ihrem Inneren aussieht.» Die Konsequenz daraus ist, dass die tierische Verhaltensforschung ein besonderes Gewicht auf die Methode des Beobachtens gelegt hat und dass dann in der Folge der Unterschied von Mensch und Tier auch aufgrund dieses verschiedenen *methodischen* Zugangs bestimmt wurde. Aber wenn man einmal damit ernst macht, dass wir eben doch auch eine Art der Tiere sind, dann bedeutet das, dass wir mehr über das Wesen des Tieres wissen als das, was wir nur durch die Beobachtung der anderen Tiere erkennen, die nicht von unserer Art sind und uns darum auch irgendwie fremd bleiben.

Wenn wir als leibliche Lebewesen eine ganz bestimmte Stellung im Tierreich haben und selber ein Stück der Natur sind, dann muss das, was uns kennzeichnet, nämlich Leben und Geist, auch schon zur Möglichkeit der Natur selbst gehören. Bei solchen Überlegungen verändert sich aber der Begriff der Natur, weil man jetzt nicht mehr einfach Natur und Geist, und damit auch Naturwissenschaften und Geisteswissenschaften, einander gegenüberstellen und einen Graben zwischen ihnen aufreissen kann. Die Möglichkeit des Geistes, der das menschliche Sein kennzeichnet, muss dann schon im Sein der Natur angelegt sein. Die Art von Natur, die wir auf diese Weise in unserem eigenen Sein erfahren, ist nicht nur die Natur, die der Gegenstand des Messens, Beobachtens und Objektivierens ist, sondern es ist die Natur als Wirklichkeit dessen, was ins Sein kommt, was existiert. Es ist also die Natur als Sein, welche wir in unserer eigenen Existenz erfahren.

Das ist aber ein Begriff der Natur, der eine alte philosophische Geschichte hat. Martin Heidegger hat immer wieder darauf hingewiesen, dass der griechische Begriff der Physis ursprünglich – und vor allem in der Philosophie der Vorsokratiker – so etwas bedeutet hat wie «Aufgehen» und «ins Sein kommen». Damit ist der Weg in die Wirklichkeit gemeint, den wir mitdenken, wenn wir von «Sein» und «Natur» sprechen. Der Philosoph Spinoza hat im 17. Jahrhundert ganz ausdrücklich dieses Hervorkommen alles Seienden in die Wirklichkeit als «Natura naturans», hervorbringende Natur, bezeichnet, die er von der bloss existierenden, dinghaften Wirklichkeit, die man zum Objekt der Beobachtung machen kann, unterscheidet.

Was ich damit sagen will, ist also Folgendes: Wenn man ernst damit macht, dass wir als Tiere ein Stück der Natur sind, so bedeutet das nicht, dass wir «nichts als Tiere» sind, dass man unser Sein nicht anders als nur physiologisch und biologisch verstehen kann. Ebenso bedeutet es nicht, dass wir «nichts als Materie», «nichts als Natur» wären. Sondern genau umgekehrt: es bedeutet, dass das Tier mehr ist als ein «Nur-Tier», dass im Wesen des Lebendigen die Möglichkeit des Geistes angelegt ist, und darüber hinaus, dass im Wesen der Natur *selbst* schon die Möglichkeit geistigen Seins enthalten sein muss. Daraus ergibt sich, dass man einen anderen Begriff der Natur haben muss, der allerdings mit dem der messbaren Natur zusammengesehen werden muss. Dieser andere Begriff ist der Begriff der Natur als Hervorkommen in das Sein.

Man sollte also Geist und Natur, Mensch und Tier nicht

voneinander trennen und einander gegenübersetzen, sondern von Anfang an von ihrer Einheit ausgehen. Das, was wir mit dem Wort «Sein» benennen und worum es aller Philosophie und vor allem der Philosophie Heideggers geht, die im Hintergrund unserer Überlegungen hier eine besondere Rolle spielt, das liegt *vor* der Trennung von Natur und Geist. Es ist ein viel grundlegenderer und umfassenderer Begriff.

Nun müssen wir, unserem Thema gemäss, uns auch noch fragen, welche Konsequenzen sich aus der Phylogenese und den Gedanken, die wir daran angeschlossen haben, für die Psychologie ergeben. Sie liegen darin, dass man das, was häufig als «das Tierische» im Menschen bezeichnet wird, nämlich die Triebnatur, die ihn in seinem Unbewussten bestimmt, ohne alle Abwertung der Menschlichkeit anerkennen kann. Die Teilhabe am Triebleben, an den ungeheuren Kräften, die in jedem von uns wirksam sind, die in der Tiefe des Unbewussten schlummern und sich im Verhalten auswirken, bedeutet ja ein Eingewobensein in die mächtigen Kräfte der Erhaltung der Art. Es ist das ausserordentliche Verdienst von Sigmund Freud, die allgemeine Bedeutung des Sexualtriebes im menschlichen Leben wieder entdeckt zu haben.

Gerade die Teilhabe am Triebleben ist es, in der sich manifestiert, dass wir ein Stück der Natur sind. In diesem Zusammenhang ist wiederum die Philosophie Spinozas interessant. Spinoza war ein Philosoph, der zu entschiedenen und auch brüskierenden Formulierungen neigte; und dadurch hat er immer wieder das Denken in Gang gebracht. Eine dieser Formulierungen ist die berühmte Formel «Deus sive Natura», Gott oder die Natur. Eine andere dieser frappierenden Formulierungen lautet: «Der Trieb ist das *Wesen* des Menschen», «appetitus essentia hominis». Zugleich aber sagt Spinoza, dass diese Triebe, die wir in uns erfahren und deren Macht sich in den Affekten manifestiert, nichts anderes sind als die Art, wie wir teilhaben an der unendlichen Mächtigkeit der Natur, an der «infinita potentia Naturae». Er sagt sogar noch mehr: Es ist die Art, wie wir teilhaben an der Notwendigkeit und am Leben Gottes als Natur, an der «necessitas und potentia Dei sive Naturae».

Diese Gedanken sind natürlich für das christliche Denken schockierend gewesen. Es sind Gedanken, mit denen es sich noch heute auseinandersetzen muss. Andererseits spiegelt sich eine alte Tradition darin, die sich schon in der Art zeigt, wie Aristoteles vor zwei und ein drittel Jahrtausenden das Wesen der Zeugung in seiner Schrift «Über die Seele» beschrieben hat. Dort sagt er: Es gehört zum Wesen aller Lebewesen, dass sie ein Bestreben haben, an dem «immer und ewig», an dem «aei on» und der Ewigkeit, teilzuhaben. Aber weil die Seienden unter dem Mond, das heisst unterhalb der Sphäre der gleichförmig sich drehenden Gestirne, nicht ewig dauern können, sondern vergänglich und sterblich sind, weil also kein Tier, und auch der Mensch nicht, ewig existieren kann, haben sie doch in sich ein ihnen einwohnendes Streben: wenn schon nicht sich selbst als Individuum, so doch sich selbst in der Art, wie sie aussehen und wie sie sind, in ihrer Gestalt, zu erhalten. Diese Formel ist die Geburt des Terminus «Erhaltung der Art», der heute noch die Zoologie bestimmt und der ja auch hinter dem Darwinismus steht.

Aber derselbe Aristoteles sagt in derselben Schrift, dass die Seele dadurch, dass sie als Geist Wahrheiten von ewiger Gültigkeit erfasst und schaut, durch diesen Akt des Erkennens in Berührung kommt mit der Ewigkeit der Wahrheit selbst. In dieser Weise – und für Aristoteles *nur* in dieser Weise – ist sie unsterblich.

Ich glaube, man kann sagen, dass das Wissen um die Phylogenese uns neue Dimensionen der Menschlichkeit des Menschen und seiner Teilhabe am Sein erschliesst und zugleich einen neuen Zugang zum Sein der Natur. Wenn wir ernst damit machen, dass wir selbst ein Tier, ein Stück Natur sind, dann wissen wir mehr über die Natur als das, was wir nur durch die Beobachtung der anderen Tiere und der anderen Natur wissen können. Der Philosoph Schelling hat im Anfang des vorigen Jahrhunderts einen ähnlichen Gedanken zum Ausdruck gebracht, durch die Formel, dass im Menschen die Natur zum Bewusstsein ihrer selbst gelangt. Das Wissen um die Phylogenese und überhaupt das Wissen der Naturwissenschaften zwingt uns dazu, in der Richtung von Heideggers Philosophie insofern ein Stück weiterzudenken, als wir uns klar machen müssen, dass die Formel «Unser Dasein ist Seiendes, das sich in seinem Sein – indem es existiert – zu diesem seinem Sein verhält und seine Existenz übernehmen muss», auch bedeutet, dass wir unser Tiersein, in dem Sinne, wie ich es hier zu skizzieren versucht habe, übernehmen müssen.

Alois Hicklin

Die Grenze zwischen Mensch und Tier

Die Frage nach der Stellung des Menschen innerhalb des Tierreiches scheint vorerst mit dem Thema des Beginns individuellen menschlichen Lebens nur sehr wenig zu tun zu haben. Dem ist aber keineswegs so. Es sei denn, man nimmt an, dass der Mensch morphologisch und funktionell im wesentlichen ein höher entwickeltes Säugetier mit gewissen unbedeutenden Weiterdifferenzierungen sei. Ist er aber etwas vom Tier doch weitgehend Verschiedenes, dann sind die (morphologischen) Gemeinsamkeiten mehr oberflächlicher und nebensächlicher Natur. Dann stellt sich die Frage nach einem Beginn, nach einem Neubeginn, nach einem Wendepunkt, an dem das Tiersein aufhört und das Menschsein beginnt. Gibt es also irgendwo einen Punkt, der dadurch definiert ist, dass man sagen kann, was vorher war, *ist* Tier, was nachher war, *ist* Mensch? Beginnt der Mensch an irgendeinem Ort und zu irgendeinem Zeitpunkt im Verlauf der Entwicklungsgeschichte der Lebewesen?

Verschiedene Kulturen und Philosophen beantworten diese Fragen nach der Grenze zwischen Mensch und Tier im Verlauf der Menschheitsgeschichte ganz unterschiedlich. Im mittelalterlichen, vorkopernikanischen Zeitalter zum Beispiel stand der Mensch eindeutig als Nabel der Welt im Zentrum. Er war weit über alle anderen Lebewesen erhaben. Nur noch von Gott überragt, war er im Vergleich zu anderem Leben selbst irgendwie gottähnlich. Zu dieser streng hierarchischen Struktur gehörte auch ganz selbstverständlich das patriarchalische familiäre und soziale Gefüge der menschlichen Gemeinschaft. «Ist das die Haltung eines Grössenwahnsinnigen?», fragte M. Boss in diesem Zusammenhang im Verlauf der Diskussion. Oder befindet sich der Mensch in dieser Hierarchie an seinem Platz?

Auch in der heutigen Zeit wird diese Frage von verschiedenen Kulturbereichen ganz unterschiedlich beantwortet. Einem indischen Weisen etwa ist es so selbstverständlich, dass Menschen, Tiere und Pflanzen in einer ähnlichen Art beseelt sind, wie uns dies fragwürdig erscheinen mag. Auch gewisse Naturforscher und Philosophen der westlichen Welt, wie Teilhard de Chardin, kommen zu ähnlichen Ergebnissen. Er nimmt an, dass der Materie eine nicht materielle komplementäre Seite zugehört und dass der zunehmenden Kompliziertheit organischer Molekül- und chemischer Funktionseinheiten eine entsprechende Differenzierung der geistig-seelischen Funktionen entspricht. Er nennt dies die Innenseite der Dinge. Er schreibt in seinem Buch «Der Mensch im Kosmos»: «Durch den Sprung in die Intelligenz (gemeint ist damit die Menschwerdung), deren Natur und Wirkungsweise im denkenden Teilchen wir eben untersucht haben, setzt also das Leben seine Ausbreitung fort, gewissermassen als ob nichts vorgefallen wäre. Es ist völlig deutlich, dass sowohl hinter wie vor der *Schwelle* (von mir unterstrichen) des Denkens, die Fortpflanzung, Verbreitung, Verzweigung beim Menschen wie bei den Tieren ihren gewohnten Gang nehmen. Nichts – ist man versucht zu sagen – hat sich in der Strömung geändert. Doch schon sind die Wasser nicht mehr diesselben. Wie die Wellen eines Flusses sich durch die Berührung mit einer lehmigen Ebene bereichern, so hat sich der Lebensstrom mit neuen Prinzipien beladen, als er die *Schwellen des Ichbewusstseins* überflutete.» Seine Haltung entspricht damit einer gewissen Mittelstellung zwischen einer rein materialistischen und einer rein spiritualistischen Auffassung von Welt und Leben. Sie ist ähnlich derjenigen der Ganzheitsmedizin im Bereich der psychophysischen Theorien, die im Leiblichen und Seelischen zwei verschiedene Seiten ein und derselben Münze sehen. Aber damit gerät die ganze Frage nach der Beziehung und allenfalls nach der Grenze zwischen Mensch und Tier in ein erneutes Dilemma, weil nun auch noch die Frage nach Leib und Seele mit in die Diskussion hineingenommen wird. Diejenigen, welche die Seele ausklammern, verwischen auch die Grenze zwischen Mensch und Tier mehr oder weniger. Aus christlicher Sicht ist es gerade die Seele, welche den Menschen vom Tier unterscheidet. Bei Teilhard de Chardin kann man wohl kaum von einer prinzipiellen Grenzziehung sprechen. Für die moderne Naturwissenschaft ist erst recht kein wesentlicher Unterschied ersichtlich. Es gehört geradezu zu ihrer Grundidee, mess- und wägbare chemisch-physikalische Grössen der lebenden Substanz zu untersuchen und zu studieren und ausgehend von einem Studium an möglichst einfachen Strukturen die komplexeren besser zu verstehen. Sie vollzieht damit gleichsam in der heutigen Zeit in ihrem wissenschaftlichen Entwurf eine paläontologische Entwicklung eigener Prägung. Paläontologen, Biologen und Biochemiker, die sich naturwissenschaftlich mit Veränderungen und Vorgängen der lebenden Substanz befassen, sind sich darin einig: Die Entwicklung geht vom Einfachen, Überschaubaren zum Differenzierten und Komplizierten.

Immer wenn von der Grenzziehung zwischen Mensch und Tier die Rede ist, geraten zwei Problemkreise in den Mittelpunkt des Gesprächs: die Leiblichkeit auf der einen Seite und die Sprache auf der anderen Seite. Die Leiblichkeit erscheint dabei vorerst als das Gemeinsame, Einigende zwischen Mensch und Tier, die Sprache gilt als das Besondere des Menschen, die ihn, vielleicht (zusammen mit der Intelligenz, mit der Herstellung und dem Umgang von Werkzeugen und der Schaffung einer Kultur) wesenhaft vom Tier unterscheidet. Diese beiden Themen wurden bereits in der Diskussion gestreift.

D. von Uslar wies in diesem Zusammenhang darauf hin, dass die *Leiblichkeit* des Menschen, aber auch diejenige des Tieres nicht mit der Körperlichkeit der Physik gleichgesetzt werden dürfe. Er distanzierte sich damit von einer Auffassung vom Leib, die uns vor allem durch physiologisch-chemische Experimente und Eingriffe (auch therapeutischer Art) am tierischen und menschlichen Körper nahegelegt werden. Zweifellos reagiert der menschliche und tierische Körper unter gewissen experimentellen Bedingungen wie ein von kausalen Gesetzen beherrschter physikalisch-chemischer Apparat, allerdings von stupender Differenziertheit. Auf diese führen denn auch die Anhänger eines naturwissenschaftlichen Verständnisses von Mensch und Tier als einzige ernstzunehmende Zugangs- und Verstehensmethode die derzeitigen Lücken unseres Wissens zurück. Sie leben von der Hoffnung auf die Überwindbarkeit der gegenwärtigen Schwierigkeiten und von der Überzeugung auf den alleinigen Anspruch im wissenschaftlichen Zugang zu sämtlichen Phänomenen dieser Welt.

Es muss allerdings immer wieder mit allem Nachdruck darauf hingewiesen werden, dass diese Art von wissenschaftlichem Zugang zu den Phänomenen der Welt keineswegs so voraussetzungslos ist, wie dies die Vertreter einer rein naturwissenschaftlichen Interpretationstheorie der Welt selbst glauben und auch uns immer wieder glaubhaft machen wollen. Die physikalisch-chemischen Abläufe an den Körpern der Lebewesen sind keineswegs objektive Ereignisse, sondern Vorkommnisse, die sich dem Menschen *so* zeigen, *wie* dieser für sie offen ist. Es sind Experimente von Menschen an Körpern, die zwar mathematisch fassbar nur über die Veränderungen an den Dingen etwas aussagen, aber gleichzeitig, mathematisch nicht fassbar, auch eine Aussage über die menschliche Grundverfassung des Experimentators enthalten. Zum Beispiel gehört demnach zum Menschen ein Verstehenkönnen und ein Aufgehenkönnen von zähl- und messbaren Grössen von den Dingen her, die er berechnet. Die Dinge haben einen quantitativen Mitteilungscharakter, für den der betreffende Mensch offen ist und für den er dementsprechend den geeigneten Massstab mitbringt. Die Idee der sinnvollen Verknüpfung der erhaltenen Messdaten entspringt ebenso wieder dem schöpferischen Geist desselben Menschen. Speziell bedacht oder auch nicht, verrät uns das einfachste physikalische Experiment vorerst immer etwas vom Menschen und seiner existierenden Verfassung, und danach auch noch etwas von dem untersuchten Gegenstand, *soweit* er durch den Experimentator befragt wird.

Eine Anthropologie von den Dingen her lässt sich auf diese Weise logischerweise nicht aufbauen. Die Naturwissenschaften können zwar die philosophischen Prämissen bei ihren praktischen Untersuchungen vernachlässigen, aber sie dürfen nachher nicht so tun, als ob sie die Ergebnisse ohne diese gewonnen hätten, und glauben, sie könnten nun sozusagen von unten her eine objektive Welt aufbauen, ein hieb- und stichfestes Welt- und Menschenbild.

Über das Menschsein, über das, was den Menschen als Menschen charakterisiert, können deshalb weder von der Physik noch von der Chemie her Einsichten gewonnen werden, wohl aber über einzelne körperliche Funktionen dieses Menschen. Nun ist der Mensch (oder das Tier) aber nicht die Summe aller dieser körperlichen Funktionen. Besonders die Medizin, die der naturwissenschaftlichen Erforschung der Körperlichkeit von Lebewesen viele überwältigende Ergebnisse und Erfolge im Erkennen und Behandeln von körperlichen Funktionsstörungen verdankt, musste diese Hoffnung, mit der sie sich ein halbes Jahrhundert herumtrug, mit nicht immer leichtem Herzen begraben. Gerade die psychosomatischen, «spezifisch menschlichen» Krankheiten weisen darauf hin, dass der menschliche Leib mehr als nur ein kausal funktionierender Körper ist. Dieser Erkenntnis hat S. Freud erstmals entscheidend zum Durchbruch verholfen, obwohl ihm dies Ende des letzten Jahrhunderts gar nicht so recht bewusst geworden sein dürfte. Er war der erste, der entdeckte, dass es menschliche Krankheiten gibt, die sich von den äusseren Erscheinungen und Symptomen her wie körperliche Krankheiten zeigen (zum Beispiel eine hysterische Armlähmung), die aber weder ätiologisch noch pathogenetisch aus körperlichen Dysfunktionen erklärbar sind, sondern nur aus der Lebensgeschichte und der Erlebnisweise des Patienten verstanden und geheilt werden können.

Es gibt zahlreiche wissenschaftliche Theorien zur Erklärung dieser leib-seelischen Krankheiten. Alle basieren auf der Annahme, dass der Mensch aus Leib und Seele besteht. Der Leib wäre dann derselbe wie beim Tier (wenn auch mit gewissen spezifischen Abwandlungen) und das Leibliche das, was uns mit dem Tier verbindet. Der Geist oder die Seele wird zu dem, was uns von ihm trennt, der Mensch ist ein «animal rationale», ein tierisches Leibwesen, dem irgendwie das Geistige dazu- und darübergestellt ist.

Für die phänomenologische Betrachtungsweise gibt es die Leib-Seele-Spaltung nicht, weil sie sich vom Phänomen her gar nicht zeigt. Nie erlebt sich ein Mensch als ein in Leib und Seele Gespaltener. Im Leiblichen trägt er als Mensch – und als Mensch kann er gar nicht anders, als dies *auch* leiblich zu tun – seine Weltbezüge aus. So steht etwa die Hand im Weltbezug des Berührens, des berührenden räumlichen und oberflächlichen Erfassens, des Abtastens und Betastens, des Begreifens, Ergreifens, Zugreifens, des Annehmens und Gebens, des Weg- und Forthaltens und An-sich-Ziehens, des Wegschleuderns und Zertrümmerns, der mitmenschlichen Verbundenheit im Ge- ben der Hand, des Streichelns, Umarmens, des Schlagens aber auch des Schreibens, des Hin- und Wegweisens, des Beteuerns und Drohens und des Beschwichtigens, des Betens und Lä- sterns. Das Leiben dieses vielfältigen Bezugsnehmens auf die Mit- und Umwelt *ist* das *Handgreifliche der Hand*, und nicht die Summe aller Knochen, Sehnen und Gelenke, die im Dien- ste dieser handelnden Bezugnahme stehen. Gelähmt ist denn auch bei einer Lähmung der Hand nie nur ein Organ oder ein anatomisches Substrat, sondern immer der *handelnde* Mensch. Ähnliches gilt es vom Kopf, vom Rücken, von den Beinen, vom Magen, vom Herz und vom Darm zu sagen. Nur so kann einem in gleicher Weise ein verdorbener Fisch oder das wort- karge, spröde Wesen des Chefs auf dem Magen liegen. Es leuchtet ohne weiteres ein, dass diese Art von Leiblichkeit vor allem dem Menschen eignet, sie entspricht seinem Erleben und Erfahren. Ihr Verständnis rührt aus dem täglichen Gebrauch und der menschlichen Inanspruchnahme dessen, was dem Menschen begegnet.

Ein solcher Leib ist etwas ganz anderes als ein physikalischer oder chemischer Apparat und kann von diesem her höchstens in gewissen Funktionsabläufen, nie aber in seiner ganzen Be- deutungsfülle verstanden werden.

Hat der Mensch nun diesen Leib auch noch mit dem Tier ge- meinsam? Dieses Leibliche des Menschen kann nicht vom Leiblichen des Tieres her verstanden werden. Eher umgekehrt kann der Mensch das Leibliche des Tieres, verstehend aus sei- ner eigenen Welt des Erlebens, mit Bedacht, Vorsicht und Zu- rückhaltung zu verstehen versuchen, immer auf der Hut, dem Fremden (Leib) Eigenes aufzudrängen. Auf die zahlreichen Beispiele anthropomorphisierender Fehlinterpretation tieri- schen Verhaltens braucht hier gar nicht hingewiesen zu wer- den. Aus dieser Sicht erscheint das tierische Leibliche als das Fremde, nicht von vorneherein Vertraute. Wir haben die Grenze unseres eigenen Erfahrens- und Erlebensbereiches zu überschreiten. Und die Richtung, in der sich das Verstehen abspielt, ist vorgezeichnet: vom Menschen zum Tier und nicht vom Tier zum Menschen. Das schliesst nicht aus, dass der Mensch im Zuge seiner offenen Begegnung gegenüber tierischen Verhaltensweisen auch eigene besser ins Verständnis holen kann. Die nicht zu umgehende Schwierigkeit besteht darin, dass wir vom Tier nie etwas direkt über dessen Erleben erfahren, da ihm die Möglichkeit fehlt, sich mehr als fragmentarisch mitzuteilen. Man sagt dann, es fehlt ihm die Sprache. Wer Tiere nicht nur vom Bilderbuch und aus dem Labor kennt, wird ihnen allerdings Erleben kaum völlig absprechen. Inwieweit dieses, wenn auch nur bruchstückhaft, unserem eigenen Erleben entspricht, wissen wir nicht. Die Grenze gegenüber tierischem Erleben wird damit zu einem Grenz*bereich* des Nicht-Wissens mit unscharfen Übergängen in eine fremde, unvertraute Lebenssphäre, die allerdings mit fortwährendem Umgang und geduldiger Erforschung einen bestimmten Grad von Gewissheit annehmen kann. Wir tauchen sozusagen von einer mehr oder weniger eigenen vertrauten Erlebenswelt in eine unbekannte, fremde. Die Richtung der Erkenntnis geht vom Bekannten zum Fremden, von den weitgehend offenen und vielfältigen Bezugsmöglichkeiten des Menschen zu den weniger differenzierten und eingeschränkten des Tieres. Der ontologische Erhellungsprozess läuft dem paläontologischen, der dem Zeitablauf der Uhr folgt, entgegen. Die letzte und reifste Entwicklung ist, trotz ihrer Vielfalt und Komplexität, die dem Verständnis nächste. Verstehend lässt sich das Leben nur rückwärtsschauend, vom Menschen aus, begreifen. Das letzte ist das erste, und dies nicht aus einer Überheblichkeit, sondern aus einer inneren Notwendigkeit.

Dass Tiere, wenn auch – soviel mir bekannt ist – nur im Umgang mit dem Menschen und in dessen Einflussbereich, psychosomatisch erkranken können, weist darauf hin, dass zumindest gewissen Tieren ein dem Menschen irgendwie ähnliches leibliches Existieren nicht völlig abgeht. Allerdings zeigt sich dieses in dieser Form im gewöhnlichen Umgang der Tiere untereinander nicht. Es scheint aber durch den Einbezug in die menschliche Beziehungswelt induziert werden zu können, was nie der Fall sein könnte, wenn entsprechende Möglichkeiten dem Tier völlig fehlen würden. Wir halten uns hier in einem Grenzbereich tierischer Seinsweise auf, der wenigstens für gewisse Tiere verfügbar ist, im gewöhnlichen tierischen Alltag allerdings nicht realisiert wird, sondern nur unter bestimmten und spezifischen Bedingungen. Eine klare, scharfe, fest umrissene Grenze von Mensch und Tier scheint es auch in dieser Hinsicht vom Leiblichen her nicht zu geben. Es kann demnach nicht nur nicht ausgeschlossen werden, sondern gewinnt eine gewisse Wahrscheinlichkeit, dass zumindest gewisse Tiere in einer gemessen an menschlichem Erleben reduzierten, aber trotzdem ähnlichen Art *leibend* sind.

Damit würde sich im Leiblichen von Mensch und Tier sowohl etwas anderes als auch etwas Gemeinsames vollziehen. Anderes deshalb, weil Erleben keine quantitative Grösse ist und die Reduktion somit nie nur eine einfache Subtraktion bedeuten kann. Einigend, weil uns an der tierischen Leiblichkeit etwas von der eigenen Existenz her verstehbar erscheint. Dieses Einigende kann aber nicht vom Tier her verstanden werden. M. Boss bemerkt in diesem Zusammenhang mit Recht: «Die Frage ist, ob das *Einigende*, von dem aus wir diese verschiedenen Phänomene verstehen können (zum Beispiel das Leiblich-Sein), nicht gerade die vollentwickelte Existenz des voll ausgezeugten Existierens des Mensch-sein könnte?»

Im Zusammenhang mit der Frage des Gemeinsamen und Unterschiedlichen von Mensch und Tier kommt immer wieder notwendigerweise die *Sprache* als das möglicherweise spezifisch Menschliche in die Diskussion. Die Verwirrung beginnt dann jeweils schon damit, dass von einer Sprache der Tiere und einer Sprache des Menschen gesprochen wird. Bald erscheint die «Tiersprache» in Anführungszeichen, um anzudeuten, dass damit doch etwas anderes und höchstens Analoges gemeint ist. Viele Tierforscher, unter anderem auch H. Hediger, halten diese Anführungszeichen aber für überflüssig und unbegründet. Auf der anderen Seite herrscht auch in bezug auf die Sprache des Menschen eine «heillose» Verwirrung. Bald wird sie nur als Kommunikation verstanden, bald den Feedback-Mechanismen eines Computers gleichgesetzt. Es besteht dann auch kein Grund mehr, nicht auch von einer Computersprache zu sprechen. Dies ebenfalls mit oder ohne Anführungszeichen. Durch diese Nivellierung nach unten, bei der gewisse äussere Ähnlichkeiten zwischen dem Gespräch zweier Menschen, der Zeichengebung zweier Tiere und der Datengebung eines Computers als das Wesentliche, weil allen irgendwie Gemeinsame der Sprache betrachtet wird, kommt allerdings die ganze Bedeutungsfülle der menschlichen Sprache viel zu kurz. Das zutiefstgehende Missverständnis einer solchen Sprachauffassung liegt wohl darin, dass ein nicht das Wesen der Sprache ausmachendes «Detail», nämlich die Verlautbarung, das Ausformen und Ausstossen von Lauten oder Signalen, zum Wesentlichen gemacht wird. Das Augenfälligste (oder besser gesagt: Ohrenfälligste) wird zum Wesentlichen. Wie zumeist, ist aber gerade das unverhüllt sich Zeigende nicht das Wesentliche, und das Wesentliche ist vorerst verhüllt und bedarf einer zu erarbeitenden Erhellung. G. Condrau hat sich sehr eingehend in einem Kapitel seines Buches «Medizinische Psychologie» mit dieser Frage nach dem Wesen der Sprache auseinandergesetzt.

Wäre die Verlautbarung im zwischenmenschlichen Verkehr das Wesentliche an der Sprache, dann würden dem Tauben und Stummen gerade diese Elemente fehlen. Er wäre dann aber nicht nur taub und stumm, sondern ein nicht-sprachliches Wesen. Falls die Sprache den Menschen als Menschen charakterisierte, könnte man ihn nicht zu den Menschen zählen. Nun sagt man aber vom Stummen, er sei stumm und nicht sprachlos, ein Stein etwa ist aber nie stumm, sondern sprachlos. Der Ton, obwohl physikalisch bestens messbar, ist nicht das Primäre. Phänomenologisch ist der Mensch ein sprachliches Wesen, weil sein Existieren gerade und wesentlich im Angesprochenwerden von allem Um- und Mitweltlichen in deren ganzer Bedeutungsfülle, im Hören, Vernehmen und Verstehen und in der freien Verfügbarkeit des Antwortenkönnens besteht. Dieses Angesprochenwerden, Hören, Vernehmen, Verstehen und

Antworten hat aber vorerst gerade nicht den Charakter einer Verlautbarung oder eines Signals. Der Mensch ist ein Sprechender, An-gesprochener und Ent-sprechender, bevor er einen einzigen Laut vernommen oder von sich gegeben hat, also auch dann, wenn er stumm ist oder schweigt. Oftmals ist er gerade als Schweigender viel mehr ein Sprechender, ein dem Begegnenden Entsprechender und Zuhörender, als wenn er pausenlos redet. Das im Mit- und Zusammensein gründende kommunikative Element des verlautbarenden Aufnehmens und Weitergebens des in dieser oder jener Bedeutsamkeit Erlebten ergibt sich erst sekundär aus dem ersteren. Von diesem Standpunkt aus sind die Kommunikationsmöglichkeiten eines Computers, so überlegen sie, bezogen auf die Anzahl Bits pro Sekunde, auch sein mögen, ein kümmerlicher Rest dessen, was die Sprache des Menschen als Dialog mit der Welt beinhaltet. Von Vernehmen, Begreifen, Erleben und antwortender Verfügbarkeit ist dabei nichts mehr zu sehen.

Wie steht dies nun beim Tier? Vorerst begegnen wir auch in diesem Zusammenhang der bereits früher schon erwähnten Schwierigkeit, dass unser Wissen darüber infolge einer kommunikativen Schranke zwischen Mensch und Tier nur sehr mangelhaft, lückenhaft und vage bleiben muss. Hiezu gilt es nun vorerst einige Wissenschafter anzuhören, die sich mit Tieren und ihrer «Sprache» sehr eingehend beschäftigt haben.

H. Hediger schreibt zu diesem Thema: «Viele Tiere haben eine Sprache; aber selbstverständlich keine menschliche»; und: «Mit der Tiersprache verhält es sich ähnlich wie mit dem Tierverhalten überhaupt: sie wird einerseits übertrieben menschenartig dargestellt, anderseits stark unterschätzt und höchstens als Schrei gewertet. Beides ist verfehlt.» Er widersetzt sich den Ansichten von A. Portmann und K. Lorenz, welche in den tierischen Lauten bestenfalls etwas dem menschlichen Schrei Entsprechendes sehen wollen. Danach hätten Tierlaute höchstens Interjektionscharakter und würden dem «au weh» oder «verdammt nochmal» eines Menschen entsprechen, der sich in den Finger geschnitten hat. H. Hediger betont, dass es tierische Lautäusserungen gibt, die dem Tier keinesfalls einfach unkontrolliert entfahren, und verweist in diesem Zusammenhang auf Begrüssungslaute eines Cebus-Affen im Zoo gegenüber einigen individuellen Besuchern, zu denen er selbst gehörte. Nach dem Tode des betreffenden Alphatieres wurde das Begrüssungszeremoniell von seinem Nachfolger als Spitzentier denselben Freunden gegenüber übernommen. Eine solche Begrüssung entfährt dem betreffenden Tier nicht einfach reflexartig. Entsprechend unseren Darlegungen liegt das Sprachliche aber nicht einfach in der Lautäusserung oder in einem Mitteilungsverhalten, sondern darin, ob und wieviel und was dem betreffenden Tier bei der Begegnung mit den betreffenden Besuchern allenfalls «aufgeht».

Für gewöhnliche Buchfinken wurden von P. Marler 21 verschiedene akustische Signale analysiert, die differenzierte Meldungen über die Identität des betreffenden Individuums, über sein Geschlecht, seine Stimmung und soziale Stellung sowie über vorhandene Gefahrensituationen enthalten. H. Hediger lässt es dahingestellt, ob diese Finkenrufe Mitteilungscharakter haben. Das ist auch, entsprechend unserer vorher dargelegten Sprachauffassung, von sekundärer Bedeutung. Entscheidend wäre, ob den betreffenden Buchfinken bei dem Ausruf: «Ich bin ein männlicher Buchfink» etwas vom Bedeutungsgehalt dieser Männlichkeit aufgeht. Darüber wissen wir allerdings nichts Sicheres und Genaues. Es bleibt unklar, ob von all dem, was Menschen unter Männlichem verstehen, irgend etwas, wenn vielleicht auch noch so bruchstückhaft, verstanden wird. Zumindest für «menschennahe» Tiere erscheint es unwahrscheinlich, dass sie Laute und Signale mit derselben automatischen und bedeutungsleeren Art wie eine mit Rückkopplungsmechanismen versehene Maschine ausstossen.

Auch das Betteln gewisser Zootiere kann nach H. Hediger keineswegs nur einfach als ein auf Futterbedürfnis eingespielter bedingter Reflex angesehen werden. Diese unter der katalytischen Wirkung des Menschen entstandenen Verhaltensweisen (die Möglichkeit, bestimmte Bedürfnisse zu realisieren und ihnen bittend Ausdruck zu verleihen, muss diesen Tieren als Möglichkeit zumindest immanent sein, selbst dann, wenn solche Verhaltensweisen im gewohnten Umgang der Tiere unter sich nicht vorkommen) enthalten verschiedenste Verhaltenselemente (H. Winkelsträter, zit. nach H. Hediger), wobei nicht nur um Futter, sondern auch um Ruhe, Geborgenheit, Gesellschaft und Geschlechtspartner geworben wird. «Hier hat die Tiersprache eine höhere Stufe erreicht als im Naturzustand» (H. Hediger).

Dieses Verhalten, in dem Tiere Bedürfnisse ausdrücken, sind streng von gewissen andressierten Scheinleistungen «rechnender» und «klopfsprechender» Tiere zu unterscheiden. Allerdings ist das vom Tier aufgenommene und wiedergegebene Bedeutungsmuster, dessen Inhalte ausserhalb unseres sicheren Wissens liegen, in viel stärkerem Ausmass situationsgebunden als beim Menschen. Ob man für diese Differenz den Begriff «quantitativ» verwenden darf? Vermutlich ist es auch nicht zufällig, dass für die Beurteilung dessen, was allenfalls an Verstehen und Begreifen im Tier vorgehen könnte, die sogenannte «Menschennähe», die ja etwas ausserordentlich Komplexes, aber wie ich glaube, auch Wichtiges ausdrückt, von ausschlaggebender Bedeutung ist.

Einen bedeutenden Beitrag zum Thema der Tiersprache ergeben die Untersuchungen von Allen und Beatrice Gardner und Premack. Sie führten mit Schimpansen Sprachlernversuche durch. Da die Lautsprache für Schimpansen wegen ihrer Unfähigkeit, Laute nachzuahmen, nicht in Frage kommt, bediente sich das Psychologenehepaar A. und B. Gardner (1969) in diesen Experimenten der amerikanischen Zeichensprache, die auch von vielen taubstummen Menschen benützt wird. Es handelt sich zum Teil um eine Bildsprache (als gestische Darstellung von Objekten) zum Teil um ein gestisches Übereinkommen. Das Vokabular, das die Schimpansin Washoe schliesslich beherrschte, wuchs auf über hundert Zeichen an, die sie spontan im Umgang mit mehreren Trainern benutzte und auf welche sie sinngemäss einging. Ploog schreibt in diesem Zusammenhang: «Es besteht kein Zweifel mehr, dass die Fähigkeit, Objekte, einfache Tätigkeiten und Eigenschaften im unmittelbaren Kontext ihres Auftretens zu benennen, diesem

Schimpansen jedenfalls gegeben ist.» Bei diesen Versuchen scheint ein grosser Grad von Vertrautheit und Anhänglichkeit zwischen Tier und «Trainer» von entscheidender Wichtigkeit zu sein, die weit über unmittelbare Belohnungen hinausgehen. Premack gelang es (1971), die Schimpansin Sarah Objekte, Tätigkeiten und Eigenschaften mit Zeichen aus magnetisiertem Plastik von verschiedener Form und Farbe verknüpfen zu lernen, die dann als «Worte» auf einer Metallschreibtafel hingelegt und zusammengesetzt werden konnten. Sie lernte Sätze zu formulieren wie: «Mary gibt den Apfel an Sarah» und lernte Zusammenhänge beherrschen wie: «Sarah, lege die Banane in den Topf, den Apfel in die Schüssel»; «lege das Fruchtstückchen in den Topf und *nicht* in die Schüssel». Dabei scheint es ausgeschlossen, dass das Kluger-Hans-Phänomen (also Dressurleistungen) für diese Sprachleistungen verantwortlich gemacht werden kann.

Ploog lässt es offen, ob unter phylogenetischen Gesichtspunkten diese mentale Kapazität, von denen der Schimpanse unter seinesgleichen keinen Gebrauch macht, eine bestimmte Vorstufe der Entwicklung der menschlichen Sprache oder deren verkümmerten Rest darstellen. Er weist darauf hin, dass die Entwicklung der Affensprache, ebenso wie die Entwicklung der Menschensprache, sehr eng mit dem individuellen Sozialisierungsprozess und dem Individuationsprozess verknüpft ist. In dem Ausmass, wie diese gestört sind, ist auch die Sprachentwicklung schwerwiegend blockiert. Aus dem über den phänomenologischen Grundzug der Sprache Dargelegten ist diese Verknüpfung klar. Es ist im Grunde gar keine Verknüpfung, weil Sprache an sich ein «In-Beziehung-Stehen» ist, in dem Bedeutsames geschieht, Bedeutungen aufgehen und diesen entsprochen werden kann.

Aus diesen Untersuchungen geht zusammenfassend hervor:

1. Bei gewissen Tieren liegt ein Potential von Möglichkeiten einer der menschlichen Kommunikationsform ähnlichen Sprache vor.

2. Die Mobilisierung dieser Möglichkeiten hängt vom vertrauten und nahen Umgang mit den Menschen ab.

3. Die Erwerbung dieses Kommunikationsspektrums hängt zwar mit Lernvorgängen zusammen, aber nicht einfach mit Dressurleistungen.

4. Diese Tiersprache ist weitgehend situationsgebunden.

Damit liegt natürlich kein Beweis und kein wirkliches Wissen darüber vor, in welchem Ausmass diese Tiere auch im ursprünglichen Sinn der Sprache Bedeutung erfassende Wesen sind. Im Grunde genommen stehen wir auch hier wiederum vor derselben Situation wie vorher bei der Leiblichkeit. Über das Erleben bei Tieren wissen wir nicht in derselben Weise wie über unser eigenes Erleben. Auf der anderen Seite entspricht es auch nicht dem aus unserem eigenen Selbstverständnis hervorgehenden Verstehen von Lebendigem – vor allem nicht bei Tieren, denen wir uns «nahe» fühlen –, sie als einfache Reflex- und Reaktionsautomaten im Sinne von chemischen Maschinen zu betrachten. Dieses Verständnis unterliegt natürlich der Täuschungsmöglichkeit, aber – und dies muss ebenfalls betont werden – ebensosehr unserer Offenheit gegenüber eigenem und tierischem Verhalten. Unser Wissen um die Andersartigkeit von Tier und Maschine entstammt dieser Offenheit für ein dem Tier zugehörendes Lebendigsein, das wir vorerst auch an uns vorfinden.

Das Wissen, das wir in einem solchen Umgang mit uns und den Tieren gewinnen, kann allerdings nie die Gewissheit erreichen, die uns über unser eigenes Erleben gegeben ist. Was in diesem Zusammenhang über das Leibliche gesagt wurde, gilt auch hier für die Sprache. Die Richtung unserer Erkenntnis geht vom Eigenen (mehr oder weniger Bekannten) zum Fremden, der ontologische Erhellungsprozess dessen, was «ist», entgegengesetzt dem paläontologischen. Das ist weder eine Überheblichkeit noch eine Egozentrizität des Menschen, sondern liegt im Wesen der menschlichen Existenz und dessen Erkenntnismöglichkeiten begründet. Daraus würde hervorgehen (der Konjunktiv soll den erwähnten geringeren Grad der Sicherheit unserer Aussage verdeutlichen), dass zumindest gewisse Tiere (für andere verliert sich das ganze Problem in einer noch nebuloseren Unwissenheit) in irgendeiner Weise (wenn

auch an der menschlichen Erfahrung gemessen noch so reduzierten Art) Bedeutungsgehalte erfassen können. Damit liegt in
der Sprache der Tiere und des Menschen sowohl etwas Gemeinsames als etwas Anderes. Die Differenz zwischen diesem
Gemeinsamen und Anderen ist, da Bedeutungsgehalte keine
messbaren Grössen sind, nicht einfach «quantitativ». Trotz dem
Gemeinsamen tierischer und menschlicher Sprache geht es um
qualitative Unterschiede, weil das Erfassen von beispielsweise
zwei Bedeutungsgehalten statt nur des einen nicht einfach eine
Verdoppelung der Erkenntnis bedeutet, sondern eine neue Dimension. Und mit dieser neuen Dimension wächst auch der
Grad der Anspruch erheischenden und in Anspruch genomme-
nen Freiheit. *Dies* ist im Grunde genommen gemeint, wenn wir
sagen: Die Sprache der Tiere ist situationsgebunden, diejenige
des Menschen ist frei.

Von dieser Warte aus gesehen ist es weniger entscheidend,
ob das Wort Sprache einmal (bei den Tieren) in Anführungszeichen steht und einmal nicht. Wichtiger ist die Bedeutung,
welche das Wort Sprache das eine und das andere Mal erhält.

Aber wo liegen denn da die Grenzen zwischen dem Tier und
dem Menschen? fragt vielleicht der ordnungsliebende Mensch,
durch die Unschärfe dieses Grenzbereichs und die «Nähe des
Tieres» erschreckt und bedroht. Darauf gibt es wohl nur eine
Antwort: Scharfe und messbare Grenzen gehören nicht zum
Leben, sie sind eine Angelegenheit der Mathematik.

Norbert A. Luyten

Die Phylogenese des Menschen –
aus philosophisch-theologischer Sicht

Das Entstehen des Menschengeschlechtes war bis vor kurzem von der philosophischen Reflexion überhaupt nicht als Frage bedacht worden. Sieht man von einigen der Mythologie noch sehr verhafteten Vorstellungen bei den frühen griechischen Philosophen ab, dann fehlt diese Frage im philosophischen Denken fast vollständig. Anders verhält es sich in der Theologie. Die Schrift kennt eben wesentlich eine Ursprungsgeschichte, so sehr, dass das erste Buch der Offenbarung das Buch der Ursprünge, Genesis heisst. Bekanntlich wird da auch über das Entstehen des Menschengeschlechtes in spezieller Weise berichtet.

Hält man sich diese doppelte Tatsache vor Augen, dann begreift man, wie das Aufkommen der Evolutionstheorie sowohl für die Philosophie als auch für die Theologie einen Schock bedeutete. Für die Philosophie, weil sie eigentlich überhaupt auf ein solches Problem nicht gefasst war. Praktisch hatte sie das weitgehend und mit einer gewissen Selbstverständlichkeit der Theologie überlassen. Dazu kam, dass sie sehr nachdrücklich das einmalige Sonderstatut des Menschen betont hatte, eine Auffassung, der die Evolutionstheorie massiv zu widersprechen schien. – Bei der Theologie lagen die Dinge anders. Sie hatte von jeher klare Vorstellungen über das Entstehen des Menschengeschlechtes: wenn auch die Interpretation des Genesisberichtes nicht ohne Schwierigkeiten war, so stand doch die Schöpfung des Menschen durch unmittelbares Eingreifen Gottes als von der Bibel garantierte Aussage fest. Inzwischen haben sich sowohl die Philosophie als auch die Theologie mit dem Evolutionsgedanken auseinandergesetzt und im wesentlichen auch abgefunden.

Bevor wir etwas näher beleuchten, wie die Standpunkte heute sind, möchte ich hier mit einem Missverständnis aufräumen, das auch heute noch manchmal die Diskussion belastet. Es besteht nämlich noch oft die Tendenz, die philosophischen und theologischen Stellungnahmen zum Evolutionsproblem nicht ernst zu nehmen. Man vermutet darin nur opportunistische, sozusagen erzwungene und ungern gemachte Konzessionen und Kompromisse. Man hegt den Verdacht, Philosphen und

Theologen zollten der Evolution nur Lippendienst, weil sie sonst als allzu rückständig gelten würden; im Grunde aber seien sie doch eher unglücklich über diese Situation und hielten in ihrem Herzen im wesentlichen an alten Auffassungen fest. – Dass solche Haltung da und dort existiert, sei nicht geleugnet. Es wäre aber unrecht, hier zu verallgemeinern. Im grossen und ganzen hat man sich, vor allem seit etwa einem halben Jahrhundert, ehrlich mit dem Problem auseinandergesetzt.

Dabei wurde immer deutlicher – und das ist ein Grundelement in unserer Frage –, dass weder die Philosophie noch die Theologie in der Frage nach dem tatsächlichen Werdegang des Menschen kompetent sind. Wir stehen hier vor einem Problemkomplex, der nur durch eigenwissenschaftliche Methoden der Paläontologie, Frühgeschichte, vergleichenden Morphologie, Erbforschung usw. aufgearbeitet werden kann. Sowohl der Philosoph als auch der Theologe sind hier die Hörenden, die einfach zu vernehmen haben, was die wissenschaftliche Forschung in dieser Sache sagt. Ein philosophisches oder theologisches Veto gegen die Evolution, wie es in einer anfänglichen Abwehrreaktion eingelegt wurde: «es kann nicht so sein, denn vom Standpunkt unserer Überlegungen darf es nicht so sein», ist natürlich Unsinn und hat viel dazu beigetragen, Philosophie und Theologie in dieser Frage zu diskreditieren.

Soll das nun aber heissen, Philosophen und Theologen seien, was das Evolutionsproblem betrifft, sozusagen einfach den Fachwissenschaftlern ausgeliefert und hätten aus Eigenem nichts dazu zu sagen? Keineswegs. Was zunächst die Theologie betrifft, so beziehen sich die Aussagen der Bibel auf das Entstehen des gleichen konkreten Menschengeschlechtes, von dem auch die Evolutionstheorie spricht. So kann man unmöglich beide Aussagen beziehungslos nebeneinander stehen lassen: weil sie sich beide auf die eine Wirklichkeit vom Ursprung des Menschen beziehen, muss man – will man nicht der Schizophrenie verfallen – aufzeigen, wie sie wenigstens widerspruchsfrei gedacht werden können. Diese Aufgabe wurde durch die ausgezeichnete Arbeit der Exegese sehr erleichtert. Es wurde ganz deutlich herausgearbeitet, wie der Genesis-Bericht einer literarischen Gattung angehört, der man wissenschaftliche Aussagen nicht unvermittelt gegenüberstellen darf; so wenig wie man ein Gedicht über den Mond mit einer astronomischen Abhandlung vergleichen soll. Dadurch war eine scheinbar grundlegende – in Wirklichkeit aber vordergründige – Schwierigkeit aus dem Weg geräumt. Blieb aber die Frage, inwieweit der auf seine wesentliche Aussage zurückgeführte Bibelbericht mit den Thesen der Evolutionstheorie vereinbar sei. Um diese Frage beantworten zu können, muss man sich natürlich zunächst über zwei Dinge im klaren sein. Erstens: was ist der wesentliche Gehalt der Bibelaussage über die Schöpfung des Menschen, und dann: was besagt die Evolution in bezug auf den Werdegang des Menschen.

Nun, was den ersten Punkt anbelangt, kann man wohl, nach ziemlich allgemeiner Ansicht der heutigen Theologen, sagen, wesentlich sei in der Genesis ausgesagt, der Mensch stünde in einem eigenen, besonderen Verhältnis zum schöpferisch tätigen Gott. Über die nähere konkrete Natur dieses Verhältnisses ist einmal so viel sicher, dass die bildhafte Vorstellung des Bibelberichtes nicht wörtlich zu nehmen ist. Zwei Andeutungen aber über die Natur dieses Verhältnisses scheinen durch die Bildsprache hindurch im Schöpfungsbericht enthalten zu sein: zunächst ist es ein ursächliches Verhältnis: Gott macht den Menschen; dann aber ist dieses Verhältnis auch exemplarisch: nach seinem Ebenbild schuf Gott den Menschen.

Diese zwei Implikationen des Genesis-Berichtes genau auf ihren Inhalt zu prüfen und zu bestimmen, ist eigene Aufgabe des Theologen.

Das andere Glied der Frage aber: was die Evolutionstheorie über das Werden des Menschen sagt, gehört dem Kompetenzbereich des Wissenschaftlers an. Da muss, wie gesagt, der Theologe zunächst einmal zuhören. Das genügt aber nicht. Denn Aufgabe des Theologen ist es jetzt, die Kompatibilität beider Aussagen zu überprüfen. Dazu muss er selbstverständlich die zwei Aussagen miteinander vergleichen, was im Klartext heisst, dass er sich als Theologe nicht bloss über die Tragweite der eigenen, in der Schrift begründeten Aussagen, sondern auch über die von der Wissenschaft aufgestellten Behauptungen Gedanken machen muss. Hier stossen wir auf die Grundschwierigkeit eines jeglichen interdisziplinären Gesprächs. – Die heute manchmal fast fanatisch geforderte methodische Sauberkeit führt leicht zu einer methodischen Befangenheit, wobei man es ängstlich vermeidet, sich auch nur irgendwie mit Aussagen anderer Wissensbereiche einzulassen. Da kann natürlich kein interdisziplinäres Gespräch zustandekommen. Höchstens redet man aneinander vorbei. Miteinander reden heisst, dass jeder die Behauptung des anderen in eigener Kompetenz zu verstehen sich bemüht. Das ist keine Grenzüberschreitung, oder, wenn man will, es ist die zu jeder interdisziplinären Fragestellung nötige Grenzüberschreitung.

Um einander zu begegnen, muss man sich auf einer gemeinsamen Ebene bewegen. In unserem Fall heisst das, der Theologe soll untersuchen, inwieweit die Aussagen der Evolutionstheorie mit seinen Aussagen über die spezielle göttliche, effiziente oder exemplarische Ursächlichkeit beim Entstehen des Menschen kompatibel sind.

Die Antwort auf diese Frage ist nach meinem Dafürhalten nicht, dass die Evolutionstheorie hier ausscheidet, weil sie sich überhaupt nicht mit der Ursachenfrage befasst – Teilhard hat das gelegentlich behauptet –, so dass der Theologie freie Bahn gegeben würde, weil ihre Aussagen sich mit denen der Evolutionstheorie überhaupt nicht berührten. Die Evolutionstheorie, wie es schon ihr anderer Name, Deszendenztheorie, andeutet, besagt eine Abhängigkeit im Entstehen einer Art aus einer vorhergehenden, was eindeutig ein Ursächlichkeitsverhältnis ist. Wenn hier kein Konflikt zwischen wissenschaftlicher und theologischer Aussage besteht, dann nicht, weil die Evolutionstheorie sich die Ursachenfrage nicht stellt, sondern weil sie diese Frage nur sehr lückenhaft beantworten kann. Bei aller Würdigung der grossartigen Leistung der Evolutionstheorie, die in überzeugender Weise die Abstammung des Menschen aus tierischen Vorfahren gezeigt hat, darf man nicht übersehen, dass das Faktorenproblem – wie das Ursachenproblem in wissenschaftlicher Terminologie heisst – bei weitem nicht erschöpfend geklärt ist. Wenn sogar Monod, der so tut, als ob das Faktorenproblem in der Evolution eindeutig gelöst sei – hasard et nécessité –, zugeben muss, dass die sogenannte Teleonomie nicht nur ein Problem, sondern richtiggehend ein Rätsel ist, dann ist es wohl kein Misstrauensvotum gegen die Evolutionstheorie, darauf hinzuweisen, dass sie über die Kräfte, welche die Evolution vorantreiben und zum Erscheinen des Menschen führten, herzlich wenig aussagen kann.

Nun wird man aber einwenden: wenn es auch zweifelsohne zutrifft, dass die Evolutionstheorie keineswegs eine erschöpfende Erklärung des Evolutionsgeschehens bieten kann, so hat sie doch prinzipiell das Bestreben, den ganzen Entwicklungsprozess, bis zum und mit dem Menschen, aus natürlichen Ursachen zu erklären. Will der Theologe hier ein Eingreifen Gottes postulieren, dann verlassen wir die Ebene der naturimmanenten Erklärung und zerstören die organischen Zusammenhänge, um die es der Evolutionstheorie gerade zu tun war. Gott als Erklärung innerweltlicher Zusammenhänge einsetzen zu wollen, wäre doch offenbar ein Zurückfallen in das sogenannte Lückenbüsserdenken, das sich zum Teil, nicht zuletzt in der Frage der Gotteserkenntnis, so verheerend ausgewirkt hat.

Die Warnung ist sicher berechtigt. Nur allzu oft hat sich diese Berufung auf Gott als Lückenbüsser dort, wo man keine plausible natürliche Erklärung fand, als Denkfaulheit oder methodische Fehldeutung erwiesen. Ich meine aber, dass man sich die ganzen Zusammenhänge hier doch wohl etwas genauer überlegen müsste und die Sache nicht einfach mit dem Schlagwort Lückenbüsser als abgetan betrachten kann. Dass die Evolutionstheorie keine lückenlose Erklärung der biologischen Entwicklung bis zum Menschen hin zu geben vermag, haben wir schon gesehen. Hier stossen wir jetzt aber auf ein philosophisches Problem, das unverbrüchlich sowohl mit der wissenschaftlichen als auch mit der theologischen Problematik der Evolution verbunden ist. Es drängt sich nämlich die Frage auf, inwieweit die von der Wissenschaft aufgedeckten Faktoren für eine adäquate Erklärung des Evolutionsgeschehens überhaupt zureichend sein können. Letztlich ist jede Ursachenfrage eine

Seinsfrage, und die kann auf der Ebene wissenschaftlicher Methodik nie adäquat gestellt, geschweige denn gelöst werden. Pater Rahner hat in seiner Einleitung zum Buch «Die Hominisation» darauf hingewiesen, wie die klassische Philosophie diese Tiefendimension des Ursächlichkeitsbezuges, die in der wissenschaftlichen Evolutionstheorie ausgespart ist, aufgearbeitet hat.

Ich möchte hier nicht die fast halsbrecherische Prosa von Pater Rahner zitieren. Versuchen wir, es so einfach wie möglich zu sagen, obwohl natürlich schon eine gewisse Denkanstrengung nötig ist, um die Tragweite dieser Überlegungen richtig einzuschätzen. Im Grunde geht es um folgendes. Jede, auch noch so lückenlose Erklärung der von uns beobachteten Zusammenhänge weist, wenn man es richtig bedenkt, immer eine wesentliche Lücke auf, die Frage nämlich, warum überhaupt etwas da ist und warum überhaupt etwas geschieht. Spontan antworten wir da vielleicht: das ist doch alles selbstverständlich; es ist einfach gegeben. Aber eben, selbstverständlich ist es nur für den oberflächlichen Betrachter. Wer etwas tiefer nachdenkt, wird feststellen müssen, dass es gar nicht selbstverständlich ist, sondern dass gerade da die tiefste und wesentlichste Frage liegt. Warum gibt es überhaupt etwas? Im Grunde ist es diese, fast instinktiv erfasste Frage, die seit jeher die Menschheit zur Annahme eines letzten Grundes der Welterklärung, eines irgendwie göttlichen Prinzips bewogen hat. Weil diese spontane Überzeugung manchmal mit einem etwas billigen Lückenbüsserdenken verquickt war, hat man das Ganze als naive und primitive Denkform abgetan, ohne den richtigen Kern zu bedenken. Die klassische philosophische Reflexion hat da klarer gesehen. Sie hat in technisch-metaphysisch verantworteter Weise aufgezeigt, dass jede Wirklichkeit und jedes Geschehen notwendigerweise stets eine Tiefendimension beinhaltet, auf einen letzten Seinsgrund hinweist, der jedes Seiende und jedes Geschehen als letztes begründendes Prinzip erst ermöglicht. Das Sich-Berufen auf diesen Seinsgrund – den wir meistens als Gott oder als das göttliche Prinzip ansprechen – zur letzten Erklärung der Wirklichkeit ist also nicht einfach ein deus ex machina, den man als Verlegenheitslösung einführt, weil man zu beschränkt, zu unwissend oder zu faul ist, um weiter zu forschen. Es ist eine von der Wirklichkeit selbst postulierte notwendige Annahme, will man nicht, nachdem man sich bemüht hat, die Zusammenhänge bis ins einzelne auf ihre Begründung nachzuprüfen, gerade dort, wo es um die letzte Begründungsfrage geht, sich einfach desinteressiert abwenden und das ganze Weltgeschehen grundlos in sich stehen lassen.

Es ist interessant zu sehen, wie die Weisheit der alten Metaphysik heute ein gewisses Comeback erlebt in der sogenannten Gnosis von Princeton. Diese hat nämlich als Grundthese, dass die Wissenschaft bloss die Kehrseite der Wirklichkeit sieht; richtig betrachtet, erscheint uns die Welt als die Äusserung eines sie begründenden Geistes. – Es ist hier nicht der Ort, weiter auf diese zum Teil noch zu wenig durchdachten Ansichten einzugehen. Es dürfte genügen, darauf hingewiesen zu haben, dass eine sich auf die eigene Forschung besinnende Wissenschaft zur Annahme dieser begründenden Dimension jeder feststellbaren Wirklichkeit und jedes gegebenen Ablaufs kommt.

Beim Nachdenken über das Evolutionsgeschehen nun ist die Notwendigkeit, auf ein begründendes Prinzip zurückzugreifen, sozusagen in potenzierter Weise gegeben, und das erst recht, wo es sich um das Entstehen des Menschen handelt. In der Tat, das Entstehen immer höherer Lebewesen aus relativ einfachen Ansätzen ist ein derart erstaunlicher Prozess, dass es in ihm besonders deutlich wird, grundlos könne eine solche Entwicklung nicht sein. Ich weiss, hier würde nicht nur Monod, sondern auch die Mehrzahl heutiger Evolutionisten auf Zufall, Mutationen, Selektionsdruck usw. zurückgreifen, um den Prozess zu erklären. Dabei wird meistens übersehen, dass man bestenfalls gewisse Mechanismen das Ablaufs erklärt, nicht aber das Eigentliche des Vorgangs, nämlich das Höherentwickeln und Entstehen neuer Lebensformen. Typisch für dieses Vorbeigehen an der eigentlichen Frage ist das unbeschwerte Sich-Berufen auf den Selektionsbegriff. Selektion ist nämlich nicht mehr ein rein mechanischer, sondern ein finalistischer Begriff. Man nimmt also implizit an, dass durch den ganzen Entwicklungsprozess hindurch ein gewisses von der Selektion geleitetes Emporsteigen stattfindet, das unmöglich in den einzelnen Individuen als solchen begründet sein kann, sondern über die Einzelwesen hinaus das Ganze als solches beherrscht. Bedenkt man das Statut dieses das Ganze beherrschenden Selektionsprinzips, dann kommt man zwangsläufig in die Nähe der Gnosis von Princeton bzw. der alten Seinsmetaphysik.

Beim Werden des Menschen wird aber erst recht deutlich, wie eine vordergründige Erklärung aus dem Mechanismus reiner Zufallsänderungen niemals ausreichen kann. Im menschlichen Sein erscheint erstmals eine geistige Dimension, die das rein Biologische eindeutig übersteigt. Das Erscheinen dieses Geistprinzips aus einem biologischen Prozess erklären zu wollen, heisst im Grunde, sich mit einer rein verbalen Erklärung zu begnügen. Soweit wir das Evolutionsgeschehen, das zum Erscheinen des Menschen führte, rekonstruieren können, ist zweifelsohne eine gewisse Kontinuität zwischen bestimmten höheren Primatenformen wie zum Beispiel Australopithecinen und dem Menschen eindeutig gegeben.

Die Diskontinuität wird aber ebenso eindeutig durch das Auftreten von geistbedingten Tätigkeiten beim Menschen bezeugt. Einfach zu verkünden, die Diskontinuität müsse in die Kontinuität aufgelöst werden, ist keine Erklärung, sondern eine gratuite Behauptung. Dass die Kontinuität im Biologischen hier mit der Diskontinuität des erstmals erscheinenden Geistigen verflochten ist, steht ausser Zweifel. Daraus aber ableiten zu wollen, dass beide aus den gleichen Faktoren erklärt werden müssen, ist nicht nur ein Trugschluss, sondern letztlich auch eine Ungereimtheit. Denn das Irreduktible des menschlichen Geistes durch eine Reduktion auf biologische Prozesse erklären zu wollen, ist wohl nicht sehr sinnvoll.

Ich weiss, mit diesen Behauptungen habe ich mich weit auf die Äste hinausgewagt. Da ich aber zugleich von der Philosophie und von der Theologie her sprechen muss, fühle ich mich irgendwie theologisch abgesichert. Ist es doch eine herkömmliche theologische Lehre, dass der menschliche Geist aus der Unmittelbarkeit göttlicher schöpferischer Tätigkeit hervorgeht. Von einem durchgängig mechanistischen Weltverständnis her scheint eine solche Behauptung natürlich unannehmbarer Unsinn. Aber eben, ist nicht gerade ein rein mechanistisches Weltverständnis verfehlt? Ist die Welt nicht irgendwie, wie zum Beispiel die Wissenschaftler von der Gnosis von Princeton meinen, nur vom Geist her verständlich? Ist es da dann ein so ausgefallener Gedanke, gerade im menschlichen Geist sozusagen die Nahtstelle zu sehen, wo der absolute, schöpferische Geist den geistbegabten Menschen berührt und persönlich in die Existenz beruft. Zeugt nicht die Offenheit unseres Geistes auf die Transzendenz hin von dieser «Gottes-Unmittelbarkeit»?

Und meinen wir nicht, durch eine solche Auffassung würde sozusagen die ganze Arbeit der Evolution umsonst sein, weil jetzt dann doch der Mensch eigentlich direkt von Gott stamme. Evolutiver Werdegang und Gottesunmittelbarkeit sind nicht ein Entweder-Oder. Der Mensch ist eben Biologie und Geist, und dementsprechend ist er sowohl in der Welt des Biologischen als auch in der transzendenten Welt des Geistes beheimatet. Das gilt dann aber auch für seinen Ursprung. Man bezichtige mich aber jetzt nicht des Dualismus, als ob ich den Menschen zu einem Spaltwesen machen würde. Biologie und Geist sind nicht schlechthin Gegensätze, sondern zwei verschiedene ineinandergreifende Dimensionen menschlichen Seins, wie eine sorgfältige Besinnung auf das eigene Wesen uns zeigt. In dieser Perspektive erscheint die Evolution nicht als eine überflüssige und unnütze Nebenerscheinung beim Werden des Menschen, sondern als die langsame Vorbereitung eines Wesens, das fähig sein wird, den Geist aufzunehmen. Dass dabei auf eine Gottesunmittelbarkeit beim Entstehen des Menschen zurückgegriffen wird, kann nur denen unzumutbar scheinen, die nicht bedacht haben, wie sehr die ganze Evolution, wie übrigens die ganze Wirklichkeit, von Gottes schöpferischer, seinsspendender Kraft durchwaltet ist.

Diesen Gedanken – wie manche vorher geäusserten – eingehend zu begründen ist im Rahmen dieses – notwendigerweise gedrungenen – Beitrages nicht möglich. Es wurde im vorhergehenden verschiedentlich von Lücken in unserer Erkenntnis gesprochen. Ich bin mir sehr bewusst, wie lückenhaft auch diese meine Ausführungen sind und wie wenig abgesichert mancher Gedankengang stehenbleiben musste. Es ist wohl kaum möglich in einem kurzen Abriss, so grundlegende und umfassende Probleme wie die, welche die Evolutionstheorie der Philosophie und Theologie stellt, auch nur annähernd adäquat zu behandeln. Dafür muss auf die reichlich vorhandene Fachliteratur verwiesen werden.

Trotzdem dürfte diese kurze Darstellung der uns gestellten Problematik nicht ganz unnütz sein. Bei der Fülle und Dichte der sich hier stellenden Probleme besteht die Gefahr, dass man vor lauter Bäumen den Wald nicht mehr sieht. Gerade eine gedrängte und aufs wesentliche beschränkte Darstellung dürfte eine bessere Sicht auf die Kernpunkte der aufgeworfenen Frage ermöglichen. Wenn diese Zeilen dazu beitragen, haben sie ihren Zweck erfüllt.

Adolf Faller

Die Ontogenese des Menschen – aus der Sicht des Biologen

Vorbemerkung

Mit Embryologie allein ist dem Rätsel «Mensch» nicht beizukommen. Doch dürfen die aus dem biologischen Bereich herstammenden Erkenntnisse keinesfalls übergangen werden, will man festen Boden unter den Füssen behalten. Zur Integration des «Typisch-Menschlichen» wird man aber nur kommen, wenn man die durch die naturwissenschaftliche Methodik gegebenen Grenzen überschreitet.

Grundtatsachen

Aus dem erstaunlichen Formenreichtum menschlicher Entwicklung lassen sich, in Übereinstimmung mit der Entwicklung der Säuger sowie der Wirbeltiere überhaupt, vier Grundtatsachen herauslesen: 1. Der Vorgang der Furchung. 2. Die Gestaltbewegungen der Gastrulation, die zur Bildung des mittleren Keimblatts führen. 3. Die Herausformung der Organanlagen, innerhalb welcher die Körperzellen ganz bestimmte Sonderaufgaben übernehmen. 4. Der Aufbau eines Mutterkuchens (Placenta) als Zentralorgan des kindlichen Stoffwechsels.

1. *Die Furchung:* Jede befruchtete menschliche Eizelle wird durch die Furchung in zahlreiche Furchungszellen (Blastomeren) unterteilt. Ohne dass die gesamte Masse vergrössert würde, wird der ursprünglich einheitliche Keim in Unterabteilungen zerlegt. Der normale diploide Chromosomensatz von 46 Kernschleifen, 44 Autosomen und zwei Hetero- oder Geschlechtschromosomen, ist in der Befruchtung wiederhergestellt worden. Das Zusammentreffen von 2 X-Chromosomen oder von 1 X- und 1 Y-Chromosom hat das Geschlecht weiblich oder männlich bestimmt. Männlicher und weiblicher Vorkern verschmelzen und regen die erste Furchungsteilung an. Die 23 väterlichen und 23 mütterlichen Chromosomen spalten sich der Länge nach. Die Hälften werden gegen die Zellpole gezogen, so dass jede Blastomere einen Chromosomensatz mit normalem Bestand an Desoxyribonukleinsäuren erhält. Das

Zellplasma wird durch eine tief einschneidende Furche in zwei einander anliegende Zellen unterteilt. In seinem berühmten Versuch am Amphibienkeim hat Driesch ein solches Zweizellenstadium mittels einer Haarschlinge in zwei von einander unabhängige Einzelzellen zertrennt. In der Folge bilden sich nicht etwa zwei halbe Embryonen, sondern zwei vollständige, wenn auch etwas kleinere. Im Zweizellenstadium ist noch jede Furchungszelle totipotent. Ein Teil der eineiigen oder erbgleichen Zwillinge dürfte in ähnlicher Weise entstehen. Aus Versuchen künstlicher Befruchtung in vitro beim Menschen wissen wir, dass das Zweizellenstadium ungefähr 30 Stunden nach der Befruchtung erreicht wird. Dieses Stadium menschlicher Entwicklung wurde 1954 von Hertig, Adams und Mulligan während einer gynäkologischen Operation mittels Durchspülen des Eileiters gewonnen. 40–50 Stunden nach der Befruchtung tritt beim Menschen das Vier-Zellen-Stadium auf, in welchem vermutlich die Trennung von Keimbahn und Somabahn erfolgt: Eine der vier Zellen bringt durch fortgesetzte Teilung alle Geschlechtszellen des betreffenden Menschen hervor. Die drei anderen Blastomeren bilden den embryonalen Körper, seine Anhangsorgane und seine Hüllen. Im Stadium von 12–16 Zellen erreicht der Keim die Gebärmutterhöhle. Man bezeichnet dieses Stadium als Maulbeerform (Morula). In vitro wird dieses Stadium etwa 60 Stunden nach der Befruchtung auftreten. 1956 gewannen Hertig, Rock und Adams aus der Gebärmutterhöhle einer Patientin eine Morula, die aus 12 Zellen bestand. Man erkennt daran eine zentrale Zellgruppe und eine äussere Zellhülle. Die innere Zellgruppe wird den embryonalen Körper und die Schafhaut (Amnion) bilden. Die äussere Zellschicht entwickelt sich zum Trophoblasten, aus welchem Zottenhaut (Chorion) und später Mutterkuchen (Placenta) hervorgehen. Im Inneren der Morula bildet sich durch Zusammenfliessen von Interzellularspalten eine einheitliche Höhle (Blastozystenhöhle). Einen solchen Keimling nennt man Blastozyste. Man unterscheidet Embryoblast, Trophoblast und Blastozystenhöhle. Bei künstlicher Befruchtung erscheint dieses Stadium nach 100 bis 140 Stunden. Hertig, Rock und Adams

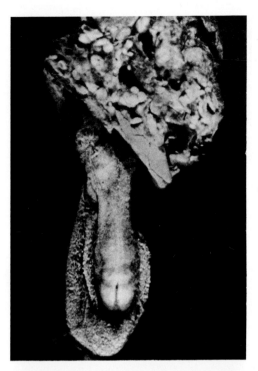

Abb. 1

Menschlicher Embryo von 2,8 mm grösster Länge (Sammlung Hochstetter). Alter rund 18 Tage. Das Neuralrohr ist im Verschluss begriffen. Primitivgrube und Primitivrinne sehr gut sichtbar. Aufsicht auf den Dottersack von oben. Am Chorion sind Zottenanlagen erkennbar.

Abb. 2

Menschlicher Embryo von 30 mm grösster Länge. Alter etwa acht Wochen. Die Eihüllen sind eröffnet. Beachte den zottigen und den glatten Teil des Chorion sowie das Amnion. Bauchstiel, Anlage des Auges mit Pigmentepithel. Anlagen der Extremitäten sind bereits ausgebildet. Unterhalb des Embryos erkennt man die Nabelblase.

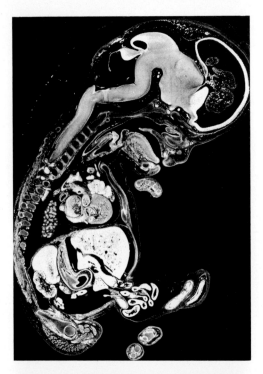

Abb. 3
Menschlicher Embryo von 49 mm
grösster Länge. Alter 2 ½ Mona-
te. Beachte die Anlage des Zen-
tralnervensystems mit Aderge-
flecht. Der Magen-Darm-Kanal
und der Atemapparat sind angelegt, ebenso Herz und Lunge.
Beachte Leberanlage, Nebenniere
und definitive Niere. Das Stadium
des physiologischen Nabelbruchs
ist erreicht. Im Anschnitt erkennt
man das Hüftgelenk.

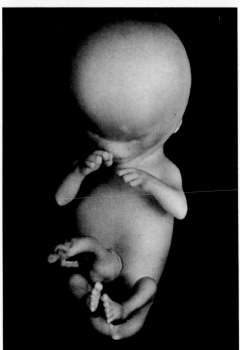

Abb. 4
Fetus von 30 cm Scheitel-Steiss-
Länge. Alter: Ende 6. Monat. Beachte die Lidnaht der Auganlage
sowie die Tastballen an Fingern
und Zehen. Nabelschnur noch
mit physiologischem Nabelbruch.
Von der Schwanzanlage ist nur
eine kleine Quaste erkennbar.

gewannen 1956 beim Ausspülen einer Uterushöhle eine Blastozyste von 58 Zellen, deren Alter sie auf vier Tage schätzten. Für eine andere menschliche Blastozyste mit 107 Zellen geben sie ein Alter von 4½ Tagen an. Die Einnistung (Nidation oder Implantation) in die Schleimhaut der Gebärmutter erfolgt bei der Frau 5½ bis 6 Tage nach dem Eisprung (Ovulation). Mit Hilfe eiweissverdauender Enzyme graben die Trophoblastzellen eine kleine Höhle in die mütterliche Schleimhaut, in welche die Blastozyste hineinsinkt. Die Nidation erfolgt normalerweise an der Vorder- oder Rückseite der Gebärmutterhöhle. Zu diesem Zeitpunkt sezernieren die Uterusdrüsen bereits Schleimstoffe und Glykogen. Am Trophoblasten lässt sich ein Synzytiotrophoblast aussen und Zytotrophoblast innen unterscheiden. Nur die innere Schicht zeigt Zellteilungen, wobei die Zellen gegen die Oberfläche abwandern. Kleine, unregelmässig geformte Zellen des Embryoblasten lassen das innere Keimblatt (Entoderm) aus sich hervorgehen, während hohe zylindrische Zellen das äussere Keimblatt bilden (Ektoderm). Der menschliche Keim hat nun das Stadium der zweiblättrigen Keimscheibe erreicht. Zunächst haftet das Ektoderm direkt am Trophoblasten. Dann treten zwischen Ektoderm und Trophoblast Spalten auf, die zur Amnionhöhle zusammenfliessen. Die flachen Amnioblasten werden vermutlich vom Trophoblasten aus gebildet. Am 9. Entwicklungstag ist die Blastozyste völlig in die Uterusschleimhaut eingebettet und die Implantationsstelle durch ein Fibrinkoagulum verschlossen. Im Synzytiotrophoblasten treten Lücken auf. Von der Innenfläche des Zytotrophoblasten heben sich die flachen Zellen der Heuserschen Membran ab. Zusammen mit dem Entoderm umschliessen sie den Hohlraum, den wir Exozölblase oder primären Dottersack nennen. Am 12. Entwicklungstag bildet der Synzytiotrophoblast am Embryonalpol ein Trabekelwerk. Die mütterlichen Kapillaren erweitern sich zu Sinusoiden, deren Endothel von Synzytiotrophoblastzellen angefressen wird. An der Innenseite des Synzytiotrophoblasten entsteht eine Schicht lockerer Zellen, die in ihrer Gesamtheit als extraembryonales Mesoderm bezeichnet wird. Dieses schiebt sich zwischen den Zytotrophoblasten einerseits, das Amnion und den primären Dottersack andererseits. Die auftretenden Hohlräume fliessen zum extraembryonalen Zölom zusammen. Die Entodermzellen schieben sich langsam der Innenseite der Heuserschen Membran entlang und bilden einen kleinen Hohlraum, den definitiven oder sekundären Dottersack. Die Amnionhöhle weitet sich aus. Der Synzytiotrophoblast bildet Zotten, in welche auch Zytotrophoblast einwächst. Das Stroma der mütterlichen Schleimhaut wandelt sich zur Decidua um.

2. *Die Gastrulation:* Gestaltungsbewegungen durch Zellverschiebung sind experimentell bei Amphibien-, Reptilien- und Vogelkeimen ausgiebig untersucht worden. Entsprechende Zellwanderungen wurden auch bei Säugern und schliesslich beim Menschen nachgewiesen. Es handelt sich dabei um das Einschieben eines mittleren Keimblatts (Mesoderm) zwischen äusserem und innerem Keimblatt. Schon vor Einsetzen der Gestaltungsbewegungen lassen sich durch Defektversuche, Überpflanzungen und Farbmarkierungen die Bezirke der späteren Organanlagen unterscheiden. Man spricht von der prospektiven Bedeutung dieser Bezirke und meint damit das, was normalerweise aus ihnen wird. Aber jeder dieser Zellverbände birgt viel mehr Möglichkeiten in sich, als bei normaler Entwicklung zum Vorschein kommen: ihre prospektive Potenz ist erheblich grösser als ihre normale prospektive Bedeutung. Obwohl es einzelne Unterschiede gibt, so ist doch die Übereinstimmung unter den Wirbeltieren erstaunlich.

Am Ende der 2. Embryonalwoche ist die menschliche Keimscheibe noch zweiblättrig. Ihr Ektoderm liegt unmittelbar auf dem Entoderm. Am 15. oder 16. Entwicklungstag tritt an der Oberfläche im Ektoderm der sogenannte Primitivstreifen auf. Durch Zellwanderung entsteht eine schmale Rinne mit aufgeworfenen Rändern. Vorn endigt diese Rinne in einem Knoten mit flacher Grube. Zellen fliessen in die Rinne hinein und breiten sich durch Invagination als mittleres Keimblatt zwischen Ektoderm und Entoderm aus. An der Stelle der Primitivgrube bildet sich der Kopf- oder Chordafortsatz, der schliesslich bis zur Prächordalplatte reicht, wo Ektoderm und Entoderm fest miteinander verbunden sind. Seitlich erreichen die auswandernden Zellen den Anschluss an das extraembryonale Mesoderm, welches Amnionhöhle und Dottersack umhüllt. In der Gegend der Prächordalplatte und im Bereich der späteren Kloakenmembran bleibt die direkte Verbindung von Ektoderm und Entoderm erhalten. Am 18. Entwicklungstag verschwindet die Lichtung des Kopffortsatzes. Es bleibt nur der kleine Canalis neurentericus übrig. Der jetzt solide Kopffortsatz wölbt sich zur Chordaplatte und bildet die Chorda dorsalis, welche über das Entoderm zu liegen kommt. Hinter der Kloakenmembran bildet die Wand des Dottersacks das Allantoisdivertikel, das in den Haftstiel hineinwächst. Die Form der Keimscheibe gleicht derjenigen einer Birne. Die Zellwanderung hält bis Ende der vierten Woche an und ist in der vorderen Hälfte der Keimscheibe besonders ausgiebig, wo auch die Weiterentwicklung schon früher einsetzt. Zunächst war man von der Spezität der Keimblätter überzeugt, bis sich im Experiment herausstellte, dass ihre prospektive Potenz immer noch grösser ist als ihre normale prospektive Bedeutung.

3. *Die Differenzierung der Organanlagen:* Sie bilden sich aus den drei Keimblättern zwischen der 4. und 8. Entwicklungswoche. Die Hauptzüge sind sich bei allen Wirbeltieren überraschend ähnlich. Es gilt dies auch für den menschlichen Embryo. Von der Ausbildung dieser Organanlagen hängt weitgehend auch die Ausbildung der äusseren Körpergestalt ab. Die Unterlagerung mit Chorda-Mesoderm versetzt das darüber liegende Ektoderm in einen erhöhten Funktionszustand. Diese Induktion, welche normalerweise zur Bildung der Anlage des zentralen Nervensystems führt, kann verhindert werden, wenn man zwischen Chorda-Mesoderm und Ektoderm ein Stückchen Zellophan einschiebt. Benützt man jedoch ein Gallertplättchen, so findet Induktion statt. Daraus lässt sich schliessen, dass sich die Induktorsubstanz durch Diffusion ausbreitet. Die natürlichen Induktoren dürften zur Gruppe der Ribonukleoproteine gehören: Eiweiss spaltende Enzyme wie Pepsin oder Trypsin zerstören die Induktionsfähigkeit. Im Experi-

ment wirken allerdings eine ganze Reihe chemisch sehr verschiedener Stoffe induzierend. Ebert (1959) gruppiert die wirksamen Induktoren in unspezifische, spezifische kleinmolekulare Induktoren und spezifisch induzierende Makromoleküle. Unspezifische Induktoren sind indirekt wirksam, indem sie die Bildung von normaler Induktionssubstanz im Gewebe auslösen. Solche unspezifische Induktoren sind zahlreiche Steroide, gewisse organische Säuren wie Stearinsäure, Adenylsäure und Thymonukleinsäure, dann aber auch Farbstoffe wie hauptsächlich Methylenblau und schliesslich auch Stoffe wie Silikon. Zu den spezifischen kleinmolekularen Induktoren gehört das Phenylalanin, dessen Wirkungsart man allerdings noch nicht kennt.

Am äusseren Keimblatt lassen sich nun Hautektoderm und Neuralektoderm unterscheiden. Zwischen beiden befindet sich eine schmale Übergangszone, das neuroektodermale Grenzgebiet, aus welchem sich die Ganglienleiste und ihre Abkömmlinge entwickeln werden. Die Neuralplatte faltet sich zur Neuralrinne auf. Die Falten berühren sich und verschmelzen miteinander zum Neuralrohr. Gleichzeitig wird das Zellmaterial für die Ganglienleiste ausgeschieden. Diese bildet im Kopfbereich die sensiblen Kopfganglien und im Rumpfbereich die Spinalganglien. Vorn und hinten bleibt das Nervenrohr zunächst offen, so dass seine Lichtung mit derjenigen der Amnionhöhle zusammenhängt: Neuroporus anterior und posterior. Im Bereich des Rumpfes behält das Nervenrohr einen gleichmässigen Durchmesser. Im Kopfbereich weitet es sich zu 3, später zu 5 Gehirnbläschen aus. Nach dem Verschluss des Neuralrohres bilden sich beiderseits als verdickte Stellen des Ektoderms die Ohrplakode und die Linsenplakode. Die Ohrplakode sinkt zum Ohrgrübchen ein, aus welchem sich das Ohrbläschen und schliesslich das Innenohr entwickelt. Die Linsenplakode wird von den Augenblasen des Gehirns induziert. Sie sinkt zum Linsengrübchen ein, welches zunächst das Linsenbläschen und dann die Linse des Auges bildet. Ektodermaler Herkunft sind nicht nur zentrales und peripheres Nervensystem sowie die Sinnesepithelien der Sinnesorgane, sondern auch die Epidermis mit Haaren, Nägeln und Hautdrüsen und schliesslich der Hypophysenvorderlappen.

Das mittlere Keimblatt liefert die Chorda dorsalis und die Mesodermflügel. Am Ende der 3. Woche verdichtet sich das paraxiale Mesoderm zu einzelnen Blöcken, den Somiten. Zwischen 3. und 5. Entwicklungswoche bilden sich in kraniokaudaler Richtung 42 bis 44 Somitenpaare. Das erste okzipitale und die letzten 3–5 kokzygealen Somitenpaare bilden sich wiederum zurück. Am Anfang der 4. Woche kann an jedem Somiten ein Bezirk mit auswandernden Zellen unterschieden werden, den wir als Sklerotom bezeichnen. Die dorsale Somitenwand wird Dermatom genannt. An seiner inneren Oberfläche entsteht eine neue Zellschicht, das Myotom, aus welchem die segmentale Muskulatur hervorgeht. Die aus dem Dermatom auswandernden Zellen bilden die Lederhaut und das subkutane Gewebe. Am intermediären Mesoderm entstehen vorne Zellhaufen, die Nephrotome, hinten ein Strang, der nephrogene Gewebestrang. Das lateral liegende Mesoderm wird zur dünnen Seitenplatte. Durch Entstehung von Hohlräumen werden zwei Platten gebildet, die Somatopleura und die Splanchnopleura. Dazwischen liegt das intraembryonale Zölom, die primitive Leibeshöhle. Aus den angiogenetischen Zellnestern oder Blutinseln der Splanchnopleura entwickelt sich ein erstes Gefässsystem mit primitiven Blutzellen. Die ersten Blutinseln entstehen extraembryonal in der Wand des Dottersacks und der Allantois. Intraembryonal wird die zunächst paarige Herzanlage gebildet. Aus dem mittleren Keimblatt stammen fast alle Stützgewebe ab. Eine Ausnahme machen nur das Mesektoderm und die andern Gewebe, die sich von der Ganglienleiste herleiten. Mesodermaler Herkunft sind die glatten und quergestreiften Muskelzellen, die Blutzellen, die Lymphzellen, die Anlage der Nieren und der Keimdrüsen, die Nebennierenrinde und die Milz.

Das innere Keimblatt bildet die Wand des Dottersackes, aus dem sich das Darmrohr abfaltet. Die vordere Darmpforte führt in den Vorderdarm. Die hintere Darmpforte stellt die Verbindung zum Hinterdarm her. Dazwischen liegt der Mitteldarm, welcher später nur noch durch den Ductus omphaloentericus mit dem Dottersack oder der Nabelblase zusammenhängt. Vorn reicht das Darmrohr bis zur Prächordalplatte, welche zur Bukkopharyngealmembran wird und am Ende der 3. Woche einreisst. Hinten stösst der Darm an die Kloakenmembran, die beim späteren Verschwinden die Öffnungen für Sinus urogenitalis und Anus bildet. Aus dem Darmrohr wird später der Atemtrakt abgespalten. Das Entoderm bildet die epitheliale Auskleidung des Darmrohrs und des Atemtraktes, Gaumenmandeln, Mittelohr, Ohrtrompete, Schilddrüse, Nebenschilddrüsen, Thymus, Leber und Bauchspeicheldrüse. Das innere Keimblatt lässt auch einen Teil von Harnblase und von Harnröhre aus sich hervorgehen.

4. *Placentation:* Bei den höheren Säugern (Eutheria) kommt es zu einer Spezialanpassung der Frühentwicklung. Im Unterschied zu den niedrigeren Wirbeltieren spielt sich die Entwicklung nicht mehr in der Umwelt, sondern im mütterlichen Fruchthalter ab, wobei Embryo und Mutter in gemeinsamer Arbeit ein besonderes Stoffwechselorgan, den Mutterkuchen (Placenta) aufbauen. Die Placenta als Organ der Anlagerung oder Verschmelzung embryonaler Hüllen mit der Uterusschleimhaut zeigt eine sehr grosse Mannigfaltigkeit des Baues. Die 1935 von Grosser unterschiedenen Placentatypen gehen von der Beobachtung aus, dass der fetale Anteil stets erhalten bleibt, während die Schichten der mütterlichen Gewebe in verschiedenem Ausmass abgebaut werden. Er unterscheidet epithelio-choriale, syndesmo-choriale, endothelio-choriale und hämo-choriale Placenten. Letztere finden wir beim Menschen, wo die Chorionzotten direkt in den mütterlichen Blutsee eintauchen. Die Stoffwechselschranke ist auf der mütterlichen Seite völlig abgebaut. Die Versuche, aus dem Vergleich der Placentationstypen stammesgeschichtliche Zusammenhänge herauszulesen, hat zu keinen überzeugenden Ergebnissen geführt. Sauser und Vodopivec (1964) haben dem Entstehen eines «materno-embryonalen Einheitsfeldes» entscheidende Bedeutung für die Menschwerdung beigemessen und sprachen

von der «Mutter-Embryo-Einheit» und der «maternellen Annahme». Doch bleibt zu bedenken, dass die Placentation volle vier Wochen in Anspruch nimmt. Eine eindeutige Ortung der Menschwerdung ist dabei nicht möglich.

5. *Die Fetalentwicklung und die postnatale Entwicklung:* So interessant auch die postembryonale Entwicklung ist, wir müssen sie hier den Lehrbüchern der Embryologie überlassen, weil sie uns viel zu weit führen würde. Organogenese und Histogenese der Organe sowie die Analyse der Wachstumsvorgänge, die sich in der äusseren Gestalt ausdrücken, stellen eine solche Fülle von Problemen dar, dass wir sie in einer kurzen Übersicht nicht zu bewältigen vermögen. Halten wir lediglich fest, dass die Leibesfrucht bis Ende des 2. Monats Embryo, ab 3. Monat jedoch Fetus genannt wird.

Mit der Geburt ist die Entwicklung keineswegs abgeschlossen. Sie läuft unter Anpassung an andere Bedingungen weiter. Das Verhalten nach der Geburt hat zur Unterscheidung von zwei ganz verschiedenen Typen geführt, «Nestflüchter» und «Nesthocker» (Portmann 1939). Der Nestflüchter macht sich unmittelbar nach der Geburt selbständig. Sein Zentralnervensystem ist ausgereift. Seine Sinnesorgane und sein Bewegungsapparat sind einsatzbereit. Die Betriebsfunktionen sind weitgehend ausgebildet. Der Nesthocker ist zunächst hilflos und auf seine Eltern angewiesen. Seine Kleinkindperiode ist verhältnismässig lang und dient einer zusätzlichen Ausreifungszeit. Die Brutpflege erweitert sozusagen die Embryonalentwicklung über die Geburt hinaus. Das menschliche Neugeborene müsste nach dem Verhältnis Geburtsgewicht zu Hirngewicht zu den Nestflüchtern gerechnet werden. Aber das Fehlen der aufrechten Körperhaltung, die dem Erwachsenen noch nicht entsprechenden Körperproportionen, die zunächst fehlenden Kommunikationsmöglichkeiten mit den Erwachsenen stempeln es zum Nesthocker. Trotz seines hohen Zerebralisationsgrades kann das menschliche Neugeborene die Lebenssituationen noch nicht meistern. Die Hauptbahn der Willkürmotorik ist noch unreif. Ohne Pflege müsste es zugrundegehen. Eigentlich hätte der Mensch eine Schwangerschaftsdauer von 21 Monaten. Wesentliche Prozesse, die bei anderen Formen in die Periode der Fetalentwicklung fallen, laufen beim Menschen im ersten extrauterinen Jahr ab. Portmann (1941) hat deshalb das menschliche Neugeborene als «sekundären Nesthocker» bezeichnet.

Theoretische Folgerungen

Sie betreffen vor allem das biogenetische Grundgesetz und die Wertung der sogenannten rudimentären Organe.

1. *Der Streit um das biogenetische Grundgesetz:* Aus der überraschenden Übereinstimmung in den Grundzügen der Entwicklungsgeschichte der höheren Säuger und des Menschen schloss Ernst Haeckel (1843–1919) auf eine gemeinsame Urform, welche er Gastraea nannte. Es handelt sich dabei um eine durchaus hypothetische Vorstellung, die sich jedoch immer mehr zu einem Denkschema entwickelt hat. Ein wesentlicher Teil der Gastraeahypothese, die Spezifität der Keimblätter ist experimentell widerlegt worden. Die ausserordentliche Erklärungskraft, welche diesem Denkschema innewohnt, führte Haeckel 1866 zur Aufstellung seines «Biogenetischen Grundgesetzes»: Die Entwicklungsstadien sollen eine Kurzfassung der in der Stammesgeschichte durchlaufenen Entwicklungsstadien sein. Das Bestechende dieser Formulierung ist, dass sie eine Grosszahl sonst kaum verständlicher Einzelkenntnisse der Biomorphologie unter einem grossen Gesichtspunkt zusammenfasste. Die Ergebnisse der Paläontologie, der vergleichenden Anatomie und der Embryologie liessen ein Bild der Evolution der Lebewesen entstehen, dem Grösse und Erklärungskraft sicherlich nicht abgesprochen werden können. Es zeigte sich allerdings rasch, dass die von Haeckel ursprünglich gewählte Fassung, wonach die Ontogenese eine Rekapitulation der in der Stammesgeschichte durchlaufenen Ahnenreihen wäre, zugunsten einer differenzierteren Auffassung fallengelassen werden musste: Die Embryonalformen differenzierter Organismen durchlaufen Embryonalstadien einfacher organisierter Formen. Eines der Haeckelschen Paradebeispiele waren

die «Kiemenbogen» menschlicher Embryonen. Sie haben mit den durchbrochenen Kiemenkörben der Fische eine Ähnlichkeit der äusseren Form gemeinsam. Die Kiemenbogen der Fische und die Viszeralbogen des menschlichen Embryos sind spezialisierte Formen eines beiden gemeinsamen Bauprinzips des Gesichtsschädels: Es handelt sich um das Bauprinzip hintereinander geschalteter Bogenstücke, wie es sich beim Neurocranium um Kapselbildungen für das Zentralnervensystem und die Sinnesorgane handelt oder im Bereich des Rumpfes um das Bauprinzip der metameren Abfolge einander gleichender Ursegmente. Natürlich ist es überraschend, dass menschliche Embryonen in einem bestimmten Stadium einen Schwanz aufweisen. Er lässt sich jedoch in jedem Stadium der Entwicklung von einem differenzierten Rattenschwanz sehr wohl unterscheiden. In der menschlichen Entwicklungsgeschichte nur historische Entwicklung sehen zu wollen, ist eine zu starke Vereinfachung. Blechschmidt hat das 1968 dahin formuliert: «Dieses seither so genannte ,Biogenetische Grundgesetz' war ein katastrophaler Irrtum in der Geschichte der Naturwissenschaften. Es hat die Biologie um ein volles Jahrhundert in theoretischer und praktischer Hinsicht zurückgeworfen. Auf theoretischem Gebiet durch die Annahme, dass mit der vergleichend-anatomischen Feststellung von Ähnlichkeiten bereits eine Patentlösung gefunden sei, um generell Entwicklungsvorgänge zu erklären. Auf praktischem Gebiet, weil man meinte, nunmehr überhaupt jede Gestaltungskraft und damit die Psyche des Menschen selbst einfach als eine Wiederholung, das heisst als Reproduktion auffassen zu dürfen.»

2. *Zur Frage der rudimentären Organe:* 1908 hat Wiedersheim ein Buch geschieben mit dem Titel «Der Bau des Menschen als Zeugnis für seine Vergangenheit». Dieses Buch ist in zweierlei Hinsicht bemerkenswert: einmal als Sammlung anatomischer Tatsachenbestände, die regressiv oder progressiv gedeutet werden können, zum andern als Interpretationsversuch, der den Zeitgeist einer ganzen Epoche widerspiegelt. Der Grossteil der Beispiele entstammt dem Skelettsystem und der Muskulatur. Es werden jedoch auch Beispiele aus dem Bereich

der inneren Organe, der Organe der innersekretorischen Korrelation, ferner des Integuments, des Nervensystems und der Sinnesorgane herangezogen.

Sowohl im embryonalen wie auch im fetalen Stadium menschlicher Entwicklung treten Organanlagen auf, für die wir keine Funktion kennen. Dass solche Organe in den Gestaltungsbewegungen des Keims eine bedeutende Rolle spielen können, hat Blechschmidt (1968) betont: «Alle untersuchten Organe erwiesen sich in jeder Entwicklungsphase in Funktion. Dabei liess sich jede Zelle, jeder kinetisch-anatomisch untersuchte Zellverband und auch jedes ausserdem noch physiologisch im lebenden Organismus untersuchte Organ als mitbeteiligt an den Gestaltungsbewegungen des ganzen Organismus nachweisen.» Gewiss ist der Funktionsentwicklung neben der Gestaltentwicklung Aufmerksamkeit zu schenken. Trotz dieser berechtigten Einschränkung verbleiben doch recht eindrucksvolle Beispiele, wie zum Beispiel die embryonale Abfolge der drei Nierengenerationen: Vorniere, Urniere und Nachniere. Die Parallelität von ontogenetischer Abfolge und phylogenetischer Entwicklung ist überraschend. Es kann das leibliche Erscheinungsbild des Menschen auf eine mögliche Verwandtschaft mit anderen Formen hindeuten.

Im Verlauf der menschlichen Keimentwicklung treten Organanlagen auf, die bei primitiven Formen eine erste direkte Funktion haben, bei höheren Formen jedoch einen Funktionswechsel zu einer komplizierteren Aufgabe durchgemacht haben. Als typische Beispiele einer solchen «Kainogenese» lassen sich die branchiogenen Organe des menschlichen Embryos anführen: Sie haben endokrine Funktionen übernommen. Ein Teil der Skelettderivate der Schlundbogen werden für den schalleitenden Apparat benützt. Ein Teil des ursprünglichen Riechhirns wird in das limbische System umgewandelt. Garstand und de Beer sehen in der Möglichkeit der Funktionswandlung eine mögliche Grundlage für neue phylogenetische Änderungen. Immer mehr zeigte sich die Tendenz, das Geschehen der Phylogenese in die Periode der Embryonalentwicklung zu verlegen. Sewertzoff (1899) spricht von «Phyloembryogene-

90

se». Schon der Embryo muss sich seiner Umwelt anpassen. Die verwickelten Beziehungen zwischen Keim und Mutter lassen leicht erkennen, dass wir es nicht mit einfachen Urformen im Sinne von Haeckel zu tun haben. Die in der Phyloembryogenese wirksamen Faktoren wurden vielfach diskutiert. «Addition oder Prolongation» würde darin bestehen, dass der Ontogenese ein neues Stadium angefügt wird, das auch in Zukunft in der Entwicklung beibehalten würde. Unter «Deviation» versteht man das Abbiegen des Ontogenesetyps in eine spezialisierte Richtung, bevor das Endstadium erreicht wird. Bei «Abbreviation» würde ein bestimmtes Entwicklungsstadium ausfallen. Betrifft der Ausfall das letzte Stadium, so spricht man von «Neotenie»: ein Zustand, der nicht dem normalen Endzustand entspricht, wird zum endgültigen Verhalten. Wird ein Zwischenstadium zum Endzustand, so reden wir von «Fetalisation». Auf diese Weise versucht Bolk, die endgültige menschliche Gestalt aus bei Primatenembryonen normalerweise vorkommenden Zwischenstadien abzuleiten.

3. *Die Ortung der Menschwerdung:* Wenn das Wesentliche des Menschen im Geist als Form des Leiblichen gesehen wird, so stellen sich eine Reihe von Fragen, die wir mit Biologie allein nicht mehr erklären können: In welchem Zeitpunkt ist der Embryo wirklich Mensch? Wie wirken die beiden Ordnungen zusammen? Wie beeinflussen sie einander? Damit stehen wir bereits mitten in philosophischer Problematik. Die Ansicht des Aristoteles, der auch Thomas von Aquin gefolgt ist, nimmt eine Sukzessivanimation in verschiedenen Stadien der ontogenetischen Entwicklung an: vegetative, animale und schliesslich menschliche Beseelung. Die Festlegung eines solchen mehrfachen Geschehens vermehrt die Schwierigkeiten und kann nicht befriedigen. Deshalb vertrat Albert der Grosse die Simultananimation im Augenblick der Verschmelzung der elterlichen Geschlechtszellen. Aber auch das ist kein punktförmiges Geschehen, sondern ein fliessender Gestaltungsvorgang, wie jede spätere Situation der Humanontogenese es ist. Die Menschwerdung auf das Stadium der Neurogenese zu verlegen oder die Placentation als den entscheidenden Schritt anzusprechen,

befriedigt ebensowenig und mutet als willkürlich gesetzte Zäsur an. Noch schwieriger sind die Fragen, wie wir uns die Beseelung von Doppelmissbildungen oder eineiigen Zwillingen vorzustellen haben. Meine Übersicht möchte lediglich ins Bewusstsein rufen, wie kompliziert die Dinge in der Ontogenese liegen. Wenn auch heute die grandiose Sicht einer universellen Verwandtschaft aller Lebewesen und des Menschen nahezu unbestritten ist, so bleibt doch die Frage nach den dabei wirksamen Faktoren immer noch weit offen: Anpassung? Auslese? chromosomale Mutation? entelechiale Entfaltung?

Praktische Folgerungen
für die heutige politische Situation

Die neuen Erkenntnisse menschlicher Frühentwicklung und menschlicher Entwicklung überhaupt haben im heutigen Meinungsstreit einander widersprechender politischer Interessen die Aufgabe einer objektiven Orientierung, die wir in einige Hauptpunkte zusammenfassen wollen:

1. *Verwurzelung der Entwicklung des menschlichen Embryos und Feten im Biologischen:* Die ontogenetische Entwicklung zeigt eindeutig die Wichtigkeit der Schwangerschaftsfürsorge. Es müssen dem sich entwickelnden Kind und seiner Mutter die besten Bedingungen garantiert werden. An erster Stelle steht eine richtige Ernährung und Hygiene unter Vermeidung aller Schäden, wie sie durch übermässigen Konsum von Genussmitteln und durch Süchte entstehen könnten; Anstreben eines psychischen Gleichgewichtes durch entsprechende Gestaltung von Berufsarbeit und Freizeit sowie durch möglichste Vermeidung aller Existenzsorgen. Die Fürsorge für das Neugeborene betrifft nicht nur die Zeit der Schwangerschaft und der Geburt, sondern auch noch das ganze 1. Lebensjahr. Das Menschenkind als sekundärer Nesthocker wird zu früh geboren und bedarf entsprechender Pflege und Fürsorge. Körperliche oder geistige Behinderung der Eltern verlangt eine Prüfung, ob eine normale Schwangerschaft und eine normale Erziehung des Kleinkindes möglich ist.

2. *Ausrichtung des menschlichen Embryos und Feten auf das Mensch-Sein:* Vom ersten Augenblick seiner Entwicklung ist der menschliche Embryo und Fetus auf das Menschsein ausgerichtet. Aus der befruchteten Eizelle wird sich stets ein Mensch und nur ein Mensch entwickeln. Die menschliche Ontogenese ist in jedem Stadium spezifisch, das heisst auf das Mensch-Sein in vollem Umgang ausgerichtet. Sie ist «Mensch von Anfang an» (Blechschmidt, 1975). Der menschliche Embryo durchläuft dabei Stadien, welche denen anderer Formen gleichen. Er «ist» jedoch in keinem Zeitpunkt diese andere Form.

3. *Organisationshöhe:* Schon *vor* Ende des 1. Schwangerschaftsmonats zeigt der menschliche Embryo eine erstaunlich hohe Organisation. Die grossen Organsysteme sind nicht nur angelegt, sondern bereits in ihren Hauptzügen herausgeformt. Die volkstümliche Vorstellung, es handle sich nur um ein Klümpchen Schleim und Blut, entspricht keineswegs der Wirklichkeit. Die sogenannte «Fristenlösung», welche die Schwangerschaftsunterbrechung bis und mit dem 3. Monat freigeben will, ist eine rein willkürliche Zäsur, die sich von der Embryonalentwicklung her gesehen sachlich nicht aufrecht erhalten lässt. Es ist ein Politikum im Sinne der Politik als Kunst des Erreichbaren.

4. *Schwangerschaftsverhütung und Abtreibung der Leibesfrucht:* Es sind grundsätzlich verschiedene Dinge. Kontrazeption kann eine medizinische Notwendigkeit sein oder durch gewisse Umstände des modernen Lebens, die sicherlich nicht immer und überall als ideal zu gelten haben, aber nun einmal gegeben sind, gefordert werden. Abtreibung ist die bewusste Zerstörung menschlichen Lebens in einem Stadium der Entfaltung, wo ihm noch alle Möglichkeiten offen stehen.

Zusammenfassung

Die menschliche Frühentwicklung, die Entwicklung des menschlichen Feten und Neugeborenen zeigt:

1. Die Wichtigkeit der biologisch-medizinischen Grundlagen für die schwangere Frau und das werdende Kind. Ein entspre-

chender Ausbau einer breit angelegten Fürsorge ist vordring-
lich.

2. Der menschliche Embryo und Fetus sind in jedem Augenblick ihrer Existenz Mensch in entsprechender Zeitgestalt. Ihre
Ontogenese verläuft spezifisch menschlich. Aus der befruchteten menschlichen Eizelle entwickelt sich immer ein Mensch.

3. Schon vor Ende des 1. Schwangerschaftsmonats zeigt der
menschliche Embryo eine erstaunlich hohe Organisation. Von
der Entwicklungsgeschichte her gesehen ist die sogenannte
«Fristenlösung» rein willkürlich. Sie lässt sich nur als Politikum verstehen.

4. Schwangerschaftsabbruch und Kontrazeption sind grundsätzlich verschiedene Dinge, die auch verschieden bewertet
werden müssen. Kontrazeption zielt auf die Verhinderung der
Befruchtung ab. Abtreibung ist bewusste Zerstörung menschlichen Lebens in seiner Entfaltung.

Abdruck aus «Arzt und Christ», Heft 2, Jahrgang 1976, mit freundlicher
Genehmigung des Verlags Otto Müller, Salzburg.

Hans Saner

Die Ontogenese des Menschen –
aus der Sicht des Philosophen:
Die soziale Rolle des Foetus

Es ist ein alter Streit, ob eine Sozietät zu zweien oder zu dritt beginne. Ich spreche überall da bereits von Sozietät, wo die Einzahl überschritten wird und wo es innerhalb der Mehrzahl eine Form der Kommunikation gibt, sei diese nun organisiert oder nicht. Im Hinblick auf diesen Sprachgebrauch möchte ich an einige Grundfakten erinnern:

Ein neues Lebewesen wird von zwei andern gezeugt, von einem anderen während der Schwangerschaft getragen und von ihm hineingeboren in das soziale Gefüge einer Gruppe und in die öffentliche Organisation einer Gesellschaft. Diese nimmt den Neugeborenen in einem bürokratischen Ritus auf: sie trägt seinen Geburtsnamen, sein Geburtsdatum und seinen Geburtsort in das Geburtsregister ein, verleiht ihm damit seine bürgerliche Identität und gibt ihm den öffentlichen Status eines Rechtssubjekts. – Zeugung, Schwangerschaft und Geburt haben so unzweifelhaft einen sozialen Rahmen, dem vorerst ganz die Qualität der Intimität und dann wachsend die der Öffentlichkeit zukommt.

Dieser soziale Rahmen bleibt übrigens auch dann erhalten, wenn die Zeugung nicht auf natürliche Weise vorgenommen wird, wenn die Schwangerschaft durch die vielleicht künftige Möglichkeit der Transplantation des befruchteten Eis gleichsam vertretungsweise von einer Nicht-Zeugenden übernommen wird oder wenn sie gar ausserhalb eines Mutterleibes als embryonale oder fötale Aufzucht künstlich organisiert würde. All diese Praktiken setzen einen hohen Stand von Wissenschaft und Technik voraus und damit ein bestimmtes Produktionsniveau der Gesellschaft. Durch den Abbau der Intimität bildet die Sozietät nicht mehr bloss den Rahmen der Menschwerdung, sondern sie vermittelt nun Zeugung, Schwangerschaft und Uterus und deren biologische Grundlagen.

Die soziale Rolle des Ungeborenen wird, so scheint mir, durch drei Komponenten bestimmt: 1. durch seine spezifische Seinsweise, 2. durch die Art seiner Beziehungen zur Mutter, zur Familie und zur Gesellschaft und 3. durch das Interesse des sozialen Systems an ihm.

Ich spreche in dieser Abfolge von den drei Komponenten:

1. Die Seinsweise des Ungeborenen

Durch die Befruchtung beginnt, in einem strengen Sinn, nicht neues *Leben*. Das weibliche Ei und das Spermium leben ja schon vor der Befruchtung, und ihr Leben weist zurück in frühere Lebenszusammenhänge: in das Dasein der Eltern, der Ahnen, der Menschheit, kurz: in jenen immer dunkler werdenden Bereich, den man Herkunft nennt. Während der Verschmelzung der beiden Samenzellen bricht ihr Leben nie ab; also haben wir keinen Grund, einen Neuanfang von Leben anzunehmen; aber es formt sich zu einer neuen *Merkmalstruktur* aus: ein neues Lebe*wesen* beginnt.

Da dieses neue Lebewesen zurückgeht auf spezifisch menschlich organisiertes Leben der Keimzellen, müssen wir es von Anfang an für human organisiert halten. Ist dieses Lebewesen also von Anfang an ein Mensch?

Man kann angesichts dieser Frage drei verschiedene Positionen einnehmen:

Die erste definiert den Begriff «Mensch» von der Lebensgeschichte des Individuums her. Sie sagt etwa: Es gehört mit zur Lebensgeschichte jedes Menschen, dass er anfängt als Zygote, dann Embryo wird, dann Fötus und durch Geburt Kind. Schon während der ganzen pränatalen Existenz steckt dieses Lebewesen in der Geschichte eines je besonderen Menschen. Wir müssen es demzufolge von Anfang an für einen Menschen halten.

Die zweite definiert den Begriff «Mensch» von der Reifeform her. Der Mensch ist das aufgerichtete, wortbegabte, kulturschaffende, weltoffene Wesen, das Selbstbewusstsein hat und in sozialer Interaktion steht. Physiologisch ist all das garantiert durch eine gewisse Ausbildung der Leiblichkeit und vor allem durch die Funktionsfähigkeit der Grosshirnrinde. Sozial ist es garantiert durch Kommunikation in der Sozialwelt und durch das Dasein in der Objektwelt. Da dem Fötus die meisten dieser Merkmale nicht zukommen, ist er kein Mensch.

Die dritte Position verlässt die statische Qualifizierung der pränatalen Existenz. Sie versteht die Seinsweise des Ungeborenen teleologisch. Damit wird sie dialektisch in einem doppelten Sinn: *Abstrakt begrifflich* wird sie etwa sagen: Der Fötus *ist* noch nicht, was er erst *wird;* was er *noch* wird, ist er aber *zugleich* schon der *Anlage* nach: *Pränatale Existenz ist Sein-zum-Dasein. Realdialektisch* wird sie sagen: Weil da eine reale Entwicklung vorliegt, muss ihr Stand mit in die Qualifizierung eingebracht werden. Der Fötus ist dem Mensch-Sein näher als der Embryo und dieser wieder näher als die Zygote. Nirgends aber können wir den Schnitt eindeutig machen. Jede Stufe der pränatalen Exitenz steht in der Dialektik der Menschwerdung.

Diese teleologische Position befriedigt theoretisch am ehesten. Aber sie führt für das Verhalten der Gesellschaft gegenüber dem Fötus in unausweichliche Paradoxien. Bekannt ist etwa die Diskussion um eine Fristensetzung für den erlaubten Schwangerschaftsabbruch. Ich gehe auf sie nicht ein, sondern zeige die Paradoxie kurz am Problem der Früh- und Fehlgeburt.

Was ist ein vielleicht lebend ausgestossener Fötus, der ausserhalb des Mutterleibs schnell stirbt: ist er ein Mensch oder ein anonymes Etwas? Wenn er ein Mensch ist, müsste die Gesellschaft ihn registrieren, ihm eine, wenn auch noch so kurze, bürgerliche Identität verleihen, ihn in einem Ritus begraben, und die Familie und die Institutionen müssten ihm gegenüber alle Trauerarbeit verrichten. Wenn er ein unbestimmtes Etwas ist, wird man ihn in die Toilette oder in den nächsten Abfalleimer werfen oder ihn zum Zweck pathologischer Untersuchungen in Alkohol aufheben. Im Verhalten der Gesellschaft zeigt sich, ob und wann sie den Fötus für einen Menschen hält.

Offenbar hat sich in vielen Spitälern etwa folgende Praxis durchgesetzt: Hat die Schwangerschaft 20 Wochen und länger gedauert und ist der Fötus mindestens 20 cm lang und 550 g schwer, dann wird er als Mensch betrachtet, also registriert im Geburts- und Sterberegister, als Leiche hergerichtet und rituell beerdigt. Genügt er diesen Mindestanforderungen nicht, wird er still beseitigt. Dass die Grosshirnrinde bereits ausgebildet ist und dass eine eigene Herztätigkeit festgestellt werden kann, fällt dabei nicht ins Gewicht. Höchstens wenn der Fötus atmet und schreit, meldet sich kurz eine gewisse Scheu, die aber meist durch den sofortigen Tod schnell verflogen ist.

All das heisst nur: Die soziale Praxis muss oft in den konkreten Fällen die Dialektik verlassen; indem sie es tut, handelt sie so oder so willkürlich und immer auch gegen menschliches Empfinden. – Und es heisst weiter: Die Gesellschaft handelt zumindest im *Sterbefall* danach, dass sie den Fötus, der jünger als 20 Wochen ist, nie als Menschen und nie als ihr Mitglied betrachtet. In den meisten Fällen empfinden die Eltern und die Ärzte gleich wie die übrige Gesellschaft.

2. Der Aufbau der Beziehungen

Die Seinsweise des Ungeborenen, das Sein-zum-Menschsein, lässt zwar verstehen, warum sich die Gesellschaft schwankend und letztlich absurd zum Fötus verhält, aber sie offenbart noch nicht die Rolle des Fötus in der Gesellschaft. Auf diese Rolle fällt nun ein Licht vom Aufbau der Beziehungen her:

Der Ungeborene ist in keiner Phase seiner Existenz identisch mit der Mutter. Er kann absterben, ohne dass die Mutter stirbt, und die Mutter kann sterben, ohne dass er abstirbt. Er ist je schon selber ein Lebewesen.

Aber ebenso gilt, dass er in keiner Phase seiner Existenz ein absolutes Eigendasein hat. Lange Zeit glaubte man, dass wenigstens die erste Zellteilung ein vom Mutterleib unabhängiger Prozess sei. Koester hat den Nachweis erbracht, dass die Eizelle in ihrer Teilungsphase radioschwefel-markierte Substanzen vom Mutterleib aufnimmt. Die Zelle ist schon unmittelbar nach der Befruchtung nicht autonom. Der Ungeborene lebt von Anfang an in einer vitalen Symbiose mit der Mutter.

In dieser biologischen Beziehung wirkt er nun seinerseits passiv auf die Mutter. Diese passiven Wirkungsweisen haben ganz manifeste Folgen: Das physiologische Befinden der Frau kann sich durch die Schwangerschaft negativ oder positiv stark verändern. Der Leib der Frau formt sich um, und die Motilität verändert sich. Biologisch ist also von Anfang an eine Beziehung da, die man als *Wechselverhältnis* kennzeichnen muss. Schon das biologische Geschehen hat somit eine soziale Dimension. Es kündigt überdem der Gesellschaft allmählich die Schwangerschaft an und macht sie so aufmerksam auf den Ungeborenen.

Zu dieser biologischen Beziehung baut sich eine *psychische* auf, die vorerst ganz einseitig eine Beziehung der Mutter zum Ungeborenen ist, Diese Beziehung hängt nicht unbedingt vom Vorhandensein eines Ungeborenen ab. Schon vor dem Wissen um eine Schwangerschaft kann es die Hoffnung auf sie oder die Furcht vor ihr geben und darin einen diffusen Bezug zu einem noch imaginären Ungeborenen. Das Wissen, schwanger zu sein, konzentriert dann diesen unbestimmten Bezug auf einen künftigen Menschen. Vom Augenblick an, da der Ungeborene sich im Mutterleib spürbar regt, individualisiert sich diese Beziehung zunehmend. Sie wird durch Gefühle konkretisiert, die man nur einem Lebewesen gegenüber hat. Zunehmend wird nun die Frau ihre Lebensweise auch auf das Ungeborene ausrichten.

Man scheut sich, geradezu von einer *psychischen* Wechselbeziehung zwischen Mutter und Ungeborenem zu sprechen. Denn über das Psychische des Ungeborenen wissen wir nichts. Aber wir müssen wohl bei ihm eine Art der psychischen Rezeptivität annehmen, ohne diese näher bestimmen zu können. Der psychische Bezug der Mutter, der ja das mütterliche Verhalten mitsteuert, würde dann eine näher nicht beschreibbare psychische Formierung im Ungeborenen verursachen. Wir müssten, falls dies Hypothese richtig ist, also auch hier von einem gegenseitigen Wirkungsverhältnis sprechen, in dem nun allerdings die passive Wirkungsweise des Ungeborenen auf die Mutter manifester ist als die Wirkung der Mutter auf ihn.

Die *soziale* Dimension dieser Beziehungen zum Ungeborenen zeigt sich darin, dass er zunehmend das Leben der Mutter und der Familie bestimmt. Er ist als Erwarteter anwesend in der Weise des Abwesendseins. Er greift regulierend in das Leben der Familie ein. Sie bereitet schliesslich seine Ankunft vor, versorgt ihn schon als Erwarteten mit Kleidern und Wohnraum und regelt seine Ankunft ökonomisch. Gegen Ende der Schwangerschaft beherrscht er die Gruppe nahezu. Alles ist nun vorbereitet dafür, dass das Kind für einige Zeit zur Hauptperson wird. – Insofern der Ungeborene all das passiv veranlasst, kann man von seiner passiven sozialen Rolle in der Gruppe reden, die pardoxerweise zu gewissen Zeiten die aktiven Rollen der anderen Gruppenmitglieder zu dominieren vermag.

3. Das Interesse des Sozialsystems am Ungeborenen

Je dominanter die aufgezeigte Funktion wird, desto stärker wird sie auf das ganze Sozialsystem wirken. Die Schwangere zieht sich zunehmend aus der Öffentlichkeit zurück. Sie verlässt schliesslich ihre Arbeit und nimmt eine gewisse Fürsorge der Gesellschaft in Anspruch. Da ihr Schwanger-Sein öffentlich manifest ist, wird die Gesellschaft ihr gegenüber eine schonende Haltung einnehmen, falls sie nicht zufällig in eine Klasse gehört, der man diesen Schutz nicht gewährt. – All das sind indes Massnahmen der Gesellschaft im Verhältnis zur schwangeren Frau. Es ist noch zu fragen, wie das Sozialsystem sich zum Ungeborenen selber verhält.

Hier ist zunächst einmal ungewiss, ob und in welcher Weise der Ungeborene überhaupt ein Mitglied der Gesellschaft ist. – Ein Sozialsystem kennt im allgemeinen zwei Formen der Mitgliedschaft: die Grundmitgliedschaft und die Vollmitgliedschaft.

Durch die Verleihung der Vollmitgliedschaft anerkennt eine Sozietät die Fähigkeit eines Mitglieds, alle funktionalen Anforderungen der Gesellschaft zu erfüllen. Etwa unser Staat verleiht diese Vollmitgliedschaft bei erreichter Volljährigkeit.

In der Grundmitgliedschaft werden dagegen bloss die grundsätzlichen Rechte verliehen, sofern jemand überhaupt Mitglied der Gesellschaft ist. Der Anspruch auf allfällige aktive Funktionen wird dabei nicht gestellt.

Es ist klar, dass im Hinblick auf den Ungeborenen von einer

Vollmitgliedschaft nicht die Rede sein kann. Ihm wird aber auch nicht die Grundmitgliedschaft zugesprochen, weil er nicht öffentlich gegenwärtig und nicht rechtlich identifizierbar ist.

Gehört also der Ungeborene überhaupt nicht zur Gesellschaft? Das scheint so. Denn die Gesellschaft spricht ihm die Rechtsfähigkeit nicht zu: der Mensch wird durch die Geburt Rechtssubjekt und Grundmitglied der Gesellschaft. Aber die Gesellschaft macht ihn trotzdem zum Rechtsträger, und zwar nicht nur, wie etwa im Erbrecht, sofern er einmal ein Geborener sein wird, sondern *als* Ungeborener. Sie macht ihn zu einem Rechts*gut*, ohne in ihm förmlich ein Rechtssubjekt zu sehen. – Das ist widersprüchlich, aber dennoch verstehbar.

Sofern nämlich ein Sozialsystem auf *Dauer* angelegt ist, muss es in sein Handeln und in seine Normen auch die künftigen Mitglieder einbeziehen, auf die hin es ja immer auch schon plant und handelt. Die *Ungeborenen* aber sind die Garanten seiner Dauer. Deshalb nimmt das soziale System an ihnen ein Interesse, und zwar das Interesse des eigenen Überdauerns. Um dieser Dauer willen spricht es dem künftigen Mitglied eine Art der potentiellen Mitgliedschaft zu. In ihr gelangt der Ungeborene zu einer weitern Dimension seiner passiven sozialen Rolle: er wird Rechtsempfänger, ohne in irgendeiner Form Pflichtträger zu sein.

Die potentielle Mitgliedschaft entspringt für das soziale System nicht abstrakt der Seinsweise des Ungeborenen, mit der sie in Einklang steht, sondern einem klaren Interesse. Je nach der Interessenlage wird diese potentielle Mitgliedschaft grosse oder geringe Bedeutung haben. In Zeiten der Überbevölkerung wird die Tendenz bestehen, sie fallen zu lassen, und in Kriegszeiten, sie zu betonen. Trotz dieser Schwankungen ist die vielleicht wichtigste soziale Funktion der Ungeborenen, der Nächste und Künftige zu sein und darin die Dauer und die Umwandlung einer Gesellschaft zu sichern.

Es sei nur noch drauf hingewiesen, dass sich angesichts des Ungeborenen die Gesellschaft in einer paradoxen Lage befindet. Macht sie dieses Lebewesen, dem sie Rechtssubjektivität nicht zusprechen kann, zu einem Rechts*gut*, so verdinglicht sie darin dieses Sein-zum-Menschsein zu einer blossen Sache oder verfällt in einen Bruch der Rechtslogik. Spricht sie ihm keinerlei Rechte zu, so handelt sie widersprüchlich zu den eigenen vitalen Interessen. Diese Widersprüche löst erst die Geburt. Die soziale Wertung und Rolle des Ungeborenen wird deshalb umstritten bleiben. Es liegt hier ein unstabiler und dialektischer Grenzbereich vor, an dem unsere Massnahmen rational scheitern und gerade deshalb zurückverweisen auf Entscheide, die ihren letzten Ursprung in der Freiheit haben.

Medard Boss

Die Ontogenese des Menschen –
aus der Sicht des Daseinsanalytikers

Im Gegensatz zur Phylogenese, der Stammesgeschichte eines Lebewesens, meint die Ontogenese den Anfang, das Werden und Sein, dann aber auch das Vergehen und Sterben eines je einzelnen Individuums. Aber beim Lebewesen «Mensch» stocken wir bereits, wenn wir nur schon an seinen Anfang denken. Fängt ein Mensch in dem Augenblick an zu existieren, wenn in einer Frau eine Eizelle durch den Samenfaden eines Mannes befruchtet wird oder erst bei der Geburt oder gar noch viel später erst, dann nämlich, wenn er sich seiner selbst bewusst zu werden vermag?

Eine wissenschaftlich beweisbare Antwort auf diese Fragen wäre nicht bloss in theoretischer Hinsicht von grösstem Interesse. Man verlangt in diesem Bereiche auch aus praktischen Gründen immer dringender nach wissenschaftlicher Klarheit und Eindeutigkeit; nicht zuletzt wegen der heute so akut gewordenen Problematik des künstlichen Schwangerschaftsabbruches. Aber die Wissenschaften im ganzen werden durch solche Fragestellungen weit überfordert. Eine wissenschaftlich beweisbare Aussage über den Anfang des menschlichen Existierens wird die Wissenschaft ihren eigenen Voraussetzungen zufolge nie und nimmer zu liefern imstande sein.

Unsere Wissenschaft hat sich nämlich von allem Anfang an radikal dem durch die Wissenschaft selbst in keiner Weise zu beweisenden Glaubensdogma unterworfen, nur dem komme Wirklichkeitscharakter zu, das zu messen sei.

Noch am ehesten zu messen ist vom Menschen sein leiblicher Bereich. Darum rückte dieser in der Wissenschaft zum eigentlich Wirklichen des menschlichen Existierens auf. So kam es, dass wissenschaftlich dieser leibliche Bereich geradezu den Rang eines Substrates, einer Grundlage, eines Sitzes des menschlichen Existierens erhielt. Zugleich mit solcher Rangerhöhung der leiblichen Sphäre beraubt jedoch die Wissenschaft diese andererseits ihrer spezifischen Menschlichkeit und denkt sie zu einem bloss noch vorhandenen Körper-Mechanismus um.

Einmal so weit, musste in den Augen der Biologen der Anfang einer menschlichen Existenz notwendigerweise mit dem

Erscheinen der ersten naturwissenschaftlich nachweisbaren, sinnenhaft wahrnehmbaren leiblichen Gegebenheit angesetzt werden. Das ist aber der Augenblick der Zygotenbildung, wobei die Eizelle in einem weiblichen Körper soeben von einem männlichen Samenfaden befruchtet wurde. Durch die eigentümlichsten Chromosomentänze und durch die diesen folgenden Zellteilungen soll schliesslich diese einzige und einzigartige Leibeszelle einen ganzen Menschen aus sich heraus hervorbringen können, inklusive all seiner erst viel später sich bekundenden geistigen Taten.

All dies ist jedoch ein Trugschluss, wie er nur unter dem Diktat einer materialistischen Philosophie und eines schlecht verstandenen Kausalitätsprinzips zustande kommen kann. Grundsätzlich braucht nämlich das, was an sinnenhaft-optisch wahrnehmbaren Gegebenheiten zeitlich zuerst feststellbar wird – in unserem Falle die Zygote –, durchaus nicht auch rangmässig das Erste, wesenhaft Grundlegende, gar das alles Spätere aus sich heraus Bewirkende zu sein.

In daseinsanalytischer Sicht jedenfalls besteht das Eigenste, das wesenhaft Grundlegende und spezifisch Menschliche des menschlichen Existierens gerade nicht aus etwas optisch Wahrnehmbarem, das vergegenständlicht werden und dann als ein irgendwo an einer Raumstelle vorhandenes Ding gedacht werden könnte. Vielmehr bringt die Daseinsanalyse ein ganz anderes Sehen. Sie bringt die Einsicht, dass menschliches Existieren primär aus einem weltweit offenen Bereich aus vernehmendem Ansprechbarsein für die Anwesenheit und für die je besondere Bedeutungsfülle des Begegnenden besteht. Wie anders sollte sich der Mensch sonst immer schon so in einer Welt von Bedeutsamkeiten vorfinden können, dass er in ihr als ein unendlich reiches Gefüge von Verhaltensmöglichkeiten gegenüber dem Begegnenden existiert? Niemand wüsste jedenfalls zu sagen, wie ein so oder anders geartetes Bezogensein des Menschen auf den Bedeutsamkeits-Zusammenhang seiner Welt *aus* körperlicher, chemisch-physikalisch zureichend fassbarer Materie hervorgehen könnte. Und doch müssen eines Menschen sämtliche Verhaltensmöglichkeiten *als* Möglichkeiten schon bei der leiblichen Zygotenbildung vorgelegen haben, weil andernfalls auch das wissenschaftlich sinnenhaft Fassbare an ihnen, an diesen menschlichen Verhaltensmöglichkeiten, nie hätte in Erscheinung treten können. Mit anderen Worten: schon zur Zeit der Zygotenbildung bestand der werdende Mensch aus sehr viel mehr, als was ein wissenschaftlicher Biologe an ihm an sinnenhaft wahrnehmbaren Tatbeständen nachzuweisen vermag.

Damit fällt jedoch der jeweilige Zustand dessen, was die Wissenschaft «das Körperliche» eines Menschen nennt, als Kriterium für die Bestimmung des Anfangs eines Menschen als Menschen dahin. Denn die zur Zeit der Zygotenbildung bereits gegebenen, sinnenhaft-optisch aber nicht erkennbaren Verhaltensmöglichkeiten sind auch als noch unvollzogene Möglichkeiten nicht weniger seiend, als es das sogenannt Körperliche ist.

Wann aber fangen die Existenzmöglichkeiten, die sich sinnenhaft wahrnehmbar zeitlich erstmals mit der Zygotenbildung zeigen, als Verhaltensmöglichkeiten eines ganz bestimmten Menschen zu sein an?

Liegen sie als Möglichkeiten eines ganzen Mensch-seins nicht schon längst vor der Zygotenbildung vor, zum mindesten schon dann, wenn die beiden betreffenden Keimzellen, die später diese ganze Zygote bilden nämlich, noch weit getrennt in den Leibbereichen der beiden späteren Eltern ruhen? Eher gibt es sie als die Existenzmöglichkeiten, die später den ganz konkreten einzelnen Menschen konstituieren, bereits beim Erscheinen von Eva und Adam. Wann aber dieses geschah, muss der Wissenschaft, die wissenschaftlich ohnehin nie zu sagen vermag, was Zeit an sich überhaupt ist, auf immer unbestimmt bleiben.

Ist dem aber so, dann ist – aufs Wesentliche des menschlichen Existierens hin betrachtet – keineswegs bloss eine gynäkologische Zerstörung eines Embryos in der Gebärmutter einer Frau ein vorzeitiger Schwangerschaftsabbruch. Dann ist auch jeder Koitus interruptus, jeder Kondomgebrauch, jede Befolgung der Knaus-Ogino-Regel, jede nicht vollzogene Kohabitation eines Mannes mit irgendeiner gebärfähigen

Frau, wann immer sie ihm begegnet, ein vorzeitiger Schwangerschaftsabbruch. Denn auch überall hier werden absichtlich menschliche Existenzmöglichkeiten, die als Möglichkeiten bereits als Anwesendes vorliegen und die zur Verwirklichung eines ganzen Menschen hätten führen können, unvollziehbar gemacht und damit zerstört.

Indessen ergibt sich aus dieser Sicht keineswegs die ethische Verpflichtung, alle die eben erwähnten Schwangerschaftsunterbrechungsarten, inklusive die gynäkologische Embryonenvernichtung, zu inkriminieren oder auch nur als moralisches Verschulden zu interpretieren. Zwänge man zum Beispiel ein Ehepaar dazu, seine sämtlichen existenziellen Möglichkeiten, leibliche Kinder zur Welt kommen zu lassen, auch faktisch zu vollziehen, würde sich in dieser Familie mit der Zeit eine Schar von 15–20 Kindern ansammeln. Die Überforderung, die der Missbrauch der Mutter als Gebärmaschine unter den heutigen sozialen Bedingungen mit sich brächte, hätte zweifellos zur Folge, dass sowohl bei der Mutter, aber auch beim Vater und nicht zuletzt bei allen Kindern eine Unmenge anderer menschlicher Lebensmöglichkeiten verschüttet würde.

Die der Daseinsanalytik inhärente Ethik aber weist den Menschen an, sein Leben lang so wenig als möglich zu zerstören und so viel als möglich zu seiner Entfaltung kommen zu lassen; dies nicht nur hinsichtlich dessen, was der betreffende Mensch selbst ist, sondern auch in bezug auf jegliches andere Seiende, das sich ihm zuspricht und ihn in Anspruch nimmt. Eine gynäkologische Schwangerschaftsunterbrechung kann darum, aufs Ganze einer menschlichen Existenz hin gesehen, unter Umständen wesentlich weniger zerstören als deren Bestehenlassen. Zu welch genauem Zeitpunkt im ersten Falle der Schwangerschaftsabbruch am unschädlichsten vorgenommen wird, ist von den Gynäkologen und Psychologen nicht allzu schwer auszumachen. Er ist ohnehin bloss sekundärer Natur.

Dunkel wie der Anfang einer menschlichen Existenz ist ihr Ende, der Tod. Aus analogen Gründen wie bei der Bestimmung des Anfanges unseres Existierens versagen auch bei der Feststellung seines Endes, des Todes, die wissenschaftlichen

Erfassungen von irreversiblen Funktionsstillständen dieser oder jener Körperorgane. Selbst dies zu behaupten, der Tod sei das sichere und radikale Ende von allem, was ein Mensch zuvor war, kommt einer masslosen Überschätzung des sinnenhaft Wahrnehmbaren am Leibbereich des Menschen gleich. Nur so viel darf gesagt werden, dass ein bestimmter Mensch nach seinem Sterben nicht mehr in derselben Weise weiterlebt, wie er es zuvor tat. Der Tod: wahrhaftes Ende der menschlichen Ontogenese oder blosse Wandlung in eine andere Art zu sein oder in mehr als bloss Seiendes? Darüber weiss die Wissenschaft nichts zu sagen, und die Wissenschafter, die wirklich solche sind, wissen dies auch.

Doch zwischen Anfang und Ende der Ontogenese des Menschen liegt zumeist sein Werden, seine Blüte, seine Reife und sein Verwelken. Diese Phasen des menschlichen Lebens wurden von den Biologen und Psychologen bereits und vielfach aufs eingehendste beschrieben. Von den letzteren wandten sich die einen, wie zum Beispiel Piaget, der Erforschung der sogenannten kognitiven Phänomene zu, die anderen mehr den emotionalen Beziehungsmöglichkeiten. Unter diesen steht im Bereiche der neuzeitlichen Wissenschaft Sigmund Freud an erster Stelle. Seine Versuche, dieses menschliche Geschehen wissenschaftlich zu fassen, kleidete er in die Gestalt seiner berühmten Theorie von der stufenweisen Libidoentwicklung. Diese beginnt nach ihm – wie Sie alle schon längst wissen – mit ihrer oralen Stufe, steigt dann über die anale, urethrale und phallische Stufe bis zur reifen genitalen Stufe auf.

Im Licht der daseinsanalytischen Einsichten erweist sich indessen Freuds gesamte Libidotheorie als unbrauchbar für ein sachgemässes Verstehen der menschlichen Ontogenese. Doch nur diese Theorie als Theorie. Keineswegs bestreitet die Daseinsanalyse das Vorliegen der konkreten Phänomene menschlichen Existierens, aus denen Freud nachträglich seine Theorie abstrahierte. Wenn dann aber Freud diese Phänomene hypothetisch-theoretisch als Libidoprodukte interpretiert, muss demgegenüber die Daseinsanalyse auf folgende Sachverhalte aufmerksam machen: Libido ist die Vorstellung oder die

Supposition von einer Art von Energie, wie es der Triebbegriff ebenfalls ist. Energie ist aber an sich «blind». Bestünde der Mensch deshalb faktisch aus libidinöser Energie, wie sollte er sich zum Beispiel auf der «oralen» Stufe «blindlings» auf solches ausrichten können, dem etwa die Bedeutsamkeit von Trinkbarem zukommt oder mit Trinkbarem in Zusammenhang steht; wie auf der «analen» Libidostufe das zuvor Angeeignete als zu Behaltendes zu erkennen vermögen? Wie sollte gar «blinde» Energie eines Mannes auf der genitalen Libidostufe ein hübsches Mädchen zu finden vermögen?

Um aus dieser Dunkelheit einer Libidotheorie herauszufinden, genügt es auch keineswegs, so wie es beispielsweise Schultz-Hencke versuchte, die «Libidostufen» zu ent-erotisieren und an ihrer Stelle von allgemeinen kaptativen, von retentiven und von donativen Antrieben zu sprechen. Aus Antrieben lässt sich so wenig wie aus Trieben und aus Libido ein Bedeutungsganzes aufbauen oder verstehbar machen, als das jede Menschenwelt konstituiert ist. Alles menschliche Verhalten lässt uns vielmehr von ihm selbst her erkennen, dass wir von vorneherein aus dem bereits erwähnten unendlich vielfältigen Gefüge von Beziehungsmöglichkeiten gegenüber dem uns Begegnenden bestehen, in deren Licht die Bedeutungsgehalte und Verweisungszusammenhänge dieses Begegnenden vernommen werden können und wir unsererseits ihm, entsprechend dem Vernommenen, aktiv handelnd zu antworten haben.

Darum sind jene Phänomene des menschlichen Existierens, die Freud in dem Sinne als «orale» deutete, dass er sie in seinem Geiste aus den frühen leiblichen Mundfunktionen und Mundsensationen hervorgehen liess, in Wahrheit von vornherein und immer schon Beziehungen einer ganzen menschlichen Existenz zu solchem, das dieser in ihrem ursprünglichen Vernehmen im weitesten Sinne als Einzuverleibendes, Anzupackendes aufging. Ebensowenig haben die von Freud «anal» geheissenen Verhaltungsweisen, als deren Quelle Freud irrtümlicherweise die Leibregion und die Leibsensationen des Darmausganges sah, irgend etwas Kausales mit dieser zu tun. Sie gehören vielmehr primär dem Bezogensein einer je ganzen menschlichen Existenz auf solches an, das diese entweder in seiner Bedeutsamkeit als etwas feindlich Anzugreifendes oder als etwas anspricht, das behalten werden kann. Ob dieses bedeutsame Etwas nun in frühester Jugend Kot ist und viel später ein anderer Mensch, beide Male ist das ursprünglich einheitliche, ganze Phänomen eine besondere Weise des Bezogenseins auf etwas von dieser oder jener Bedeutsamkeit. Der Freudsche Begriff schiesslich von der reifen genitalen Libidostufe ist eine menschenferne Abstraktion aus der Verhaltensmöglichkeit des liebenden Miteinanderseins eines ganzen Menschen mit einem anderen oder mit vielen Mitmenschen. Eine solche Verhaltensmöglichkeit ist wiederum unmöglich auf Genitalorgane als ihre Ursache zu reduzieren oder von ihnen kausal abzuleiten. Umgekehrt gehören diese als leibliche Teilsphäre jener in die Verhaltensweisen hinein.

So gehören in daseinsanalytischer Sicht alle Phänomene menschlichen Existierens in eine bestimmte Art des Bezogenseins auf Begegnendes hinein, das jeweils einen Menschen in seiner je eigenen Bedeutsamkeit anspricht und von ihm eine entsprechende Art des Antwortens verlangt. Sie sind stets als Verhaltensphänomene eines ganzen bedeutungsvernehmenden Menschen zu betrachten und nicht als Abkömmlinge einzelner Körperorgane und ihrer Energien.

Nichts rechtfertigt das theoretische Unterfangen der psychoanalytischen Metapsychologie, zwischen bestimmte Körperorgane und einem psychischen Verhalten sowie zwischen früher und später sich Zeigendem eine Kausalbeziehung im Sinne der Physik des 19. Jahrhunderts hinein zu denken. Wie zeigt sich nun aber der Mensch aus der phänomenologischen Sicht der Daseinsanalyse?

Die Titel «Analysen des Dasein» und «Da-seins-Analysen» tauchten erstmals im epochemachenden Werk «Sein und Zeit» auf, das der deutsche Philosoph Martin Heidegger 1927 publiziert hatte. Beide Überschriften haben dort einzig und allein den Sinn, die philosophische Auslegung der Wesenszüge oder der «Existentialien» anzuzeigen, die das eigentliche Gefüge des menschlichen Existierens bilden. Als solche Grundcharaktere beschrieb Heidegger das primäre Weltoffensein der «menschlichen Natur», die ursprüngliche Zeitlichkeit des Menschen, seine ursprüngliche Räumlichkeit, seine Gestimmtheit, das Mitsein, das Leiblichsein, das Sterblichsein. Die Analysen all dieser einzelnen Wesenszüge oder Existentialien brachte Heidegger unter dem Obertitel «Daseinsanalytik». Dies war und blieb ein rein philosophischer Versuch, das heisst ein Versuch, das Grundwesen des menschlichen Existierens streng sachgemäss zu bestimmen. Zudem war das eigentliche Ziel Heideggers nie bloss die Erhellung des Mensch-Wesens. Vielmehr ging es ihm von Anfang an immer «nur» um die Erhellung des Sinnes von Sein als solchem. Die Erörterungen, die in «Sein und Zeit» dem menschlichen Existieren gelten, dürfen lediglich als ein erster und nächstliegender Schritt auf dem Denkweg Heideggers betrachtet werden. «Sein und Zeit» erhob denn auch nie den Anspruch, bereits eine umfassende und abgeschlossene philosophische Anthropologie zu bieten.

Die Besinnung auf diese Grundverfassung menschlichen Daseins ist für die Medizin im allgemeinen und für die Psychiatrie im besonderen deshalb von so grosser Relevanz, weil alles Kranksein immer nur vom Gesundsein und von der ungestörten menschlichen Grundverfassung aus zu begreifen ist. Dies deshalb, weil Kranksein nichts als unterschiedliche Privativ-Erscheinungen des Gesundseins darstellt. Das grundsätzliche Wesen des gesunden Menschen aber wurde eben gekennzeichnet als das freie Verfügenkönnen über sämtliche einem Menschen mitgegebenen Beziehungsmöglichkeiten gegenüber solchem, was sich ihm vom Offenen seines Weltbereiches her in einem freien Gegenüber zeigt. Entsprechend einheitlich ist das Wesen alles Krankseins. Es kann nur in einer wie immer gearteten Einschränkung dieser menschlichen «Bewegungsfreiheit» bestehen. Deshalb kann die Frage, die wissenschaftlich an jeden einzelnen Kranken zu stellen ist, grundsätzlich nur von folgender Dreifältigkeit sein: Auf welche Weise ist welche Beziehungsmöglichkeit gegenüber welchem Bereich von Begegnendem gestört? Von dieser grundsätzlichen Frage aus lässt sich eine neue, daseinsgemässere allgemeine Pathologie entwik-

114

keln. Das menschliche Kranksein kann etwa in folgender Weise unterteilt werden:

1. Kranksein mit augenfälliger Beeinträchtigung des Leiblichseins menschlichen Existierens.
2. Kranksein mit betonter Beeinträchtigung des Eingeräumtseins und des Zeitigens des In-der-Welt-seins.
3. Weisen des Krankseins mit betonten Störungen im Vollzug des wesensmässigen Gestimmtseins.
4. Kranksein mit besonderer Beeinträchtigung des Mitseins.
5. Weisen des Krankseins mit betonten Beeinträchtigungen im Vollzug des Offenständigseins und der Freiheit des Daseins.

Mit Absicht ist bei dieser «Klassifikation» immer nur von augenfälliger oder betonter Beeinträchtigung im Vollzug der verschiedenen Charaktere menschlichen Existierens die Rede. Als Wesenszüge des Daseins bilden sie alle zusammen ein einheitliches und unteilbares Gefüge. Ist einer in seinem Vollzug gestört, bleiben auch alle anderen nicht unbeeinflusst.

In die *erste Gruppe* gehören zum Beispiel die in den Klassifikationen der üblichen Pathologie weit auseinanderliegenden Störungen wie ein Beinbruch, eine hysterische Lähmung und eine posttraumatische Demenz nach einem das Gehirn verletzenden Steinschlag. Dessen ungeachtet gehört alles Leibliche so sehr und so unmittelbar als Wesenszug zum In-der-Welt-sein des Menschen, dass mit dessen Störung immer primär dieses In-der-Welt-sein selbst und damit diese oder jene Beziehungsmöglichkeit direkt betroffen wird. So ist ein Beinbruch zunächst ein störender Eingriff in die existentielle Möglichkeit, sich Begegnendem nähern und sich von ihm entfernen zu können; ganz abgesehen davon, dass die mit einem Beinbruch verbundenen Schmerzen die Offenständigkeit eines Daseins auf nur noch ganz wenig Interessen einschrumpfen lässt. Der fallende Stein, der beim anderen Beispiel eine traumatische Demenz zur Folge hatte, traf ebenfalls primär nicht nur ein isoliertes Organ, sondern das «Gehirnliche» einer Existenz und griff damit direkt ein in den Vollzug der Möglichkeit des *Eingeräumtseins* eines Menschen in die Beziehungen zu dem ihm Begegnenden und in die stets zumal aus Vergangenheit, Gegenwart und Zukunft bestehende *zeitliche* Offenständigkeit des Daseins. Und schliesslich kann jede hysterische Lähmung immer als der direkte Austrag einer Störung des «Leibens» einer bestimmten Beziehung gegenüber etwas verstanden werden, und zwar als eine Störung im Sinne eines pathologischen Verfallenseins des betreffenden Menschen an fremde, ihm aufoktroyierte Verhaltensweisen.

In diese Gruppe gehört aber auch das Heer der *psychosomatischen Leiden,* die in zunehmendem Masse die Ärzte beschäftigen. Hängt die Neurosen- oder Krankheitswahl vom Ausmass der Abdrängung einer Lebensmöglichkeit und nicht von der Verschiedenartigkeit der in ihrem offenen Vollzug gestörten Verhaltensweise ab, so bestimmt sich die Organwahl im Gegensatz dazu aus der besonderen Art des Lebensbezuges. Jeder Lebensbezug ist ja auch schon leiblicherweise ein bestimmter Leibbereich. Nur so können wir dem Verständnis Herz- oder Magenkranker – um ein Beispiel zu geben – näherkommen, wenn wir nämlich wissen, welche Lebensbezüge sowohl Herz wie Magen leiblicherweise *sind.*

Im speziellen Bereich der Psychiatrie spielen jene Weisen des Krankseins eine überragende Rolle, die durch eine betonte Beeinträchtigung im Vollzug des Existentials des *Gestimmtseins* und des *Offenständigseins* charakterisiert sind. Bei der sogenannten «Affekt-Inkontinenz» organischer Psychotiker zum Beispiel verhält es sich so, dass diese Menschen allzuleicht dem ihnen jeweils gerade Begegnenden mit Haut und Haaren verfallen, ineins damit sind sie auch der Stimmung, die jeweils dem vernommenen Bedeutungsgehalt entspricht, wehrlos preisgegeben. Anders wiederum zeigt sich die Veränderung der Offenständigkeit gerade in der Verschlossenheit mitmenschlicher Bezüge, sei es im Autismus Katatoner, in der psychopathischen Schizoidie oder in der neurotischen Gehemmtheit.

Noch augenfälliger ist der Wesenszug des Gestimmtseins bei jenen Menschen in seinen Vollzugsmöglichkeiten gestört, die an «endogenem manisch-depressivem Kranksein» leiden. Die *manisch* verstimmten Kranken behaupten zwar von sich selber, sie hätten sich noch nie in ihrem Leben so gesund, so stark und so glücklich gefühlt wie eben jetzt. Das Leben sei ein einziges grosses Fest. Bei näherem Zusehen ist jedoch dieses Glück der Maniker weit von der glückhaften Heiterkeit und offenen Gelassenheit jener gesunden Menschen entfernt, die zum wirklich freien, eigenständigen Austrag der ihnen gegebenen Verhaltensmöglichkeiten herangereift sind. In ihrer manischen Verstimmtheit ist denn auch diesen Kranken nur ein äusserst defizienter Zeitspielraum als Welt eröffnet. Sie kennen kein freies, offenes Gegenüber zu dem ihnen Begegnenden. Auf solche Weise geraten die Kranken in einen immer rasenderen Taumel des Erraffens von allem und jedem momentan Gegebenen. In diesem Wirbel wird ihre gesamte Vergangenheit, aber auch ihre ganze Zukunft in den jeweiligen gegenwärtigen Augenblick zusammengerissen. Dies wiederum hat eine Aufblähung ihres momentanen Existierens zur Folge. Sie gibt sich in einem schrankenlosen, aber leeren und bodenlosen, ganz und gar selbstbezogenen Allmachtgefühl kund. Auch die *melancholische* Verstimmung ist ebenfalls ein Vollzugsmodus des wesensmässigen Gestimmtseins menschlichen Existierens, und auch die ihr entsprechende hochgradige Abblendung der Offenständigkeit und Ansprechbarkeit für die Anwesenheit des Begegnenden liesse sich in allen Details aufzeigen.

Viel zahlreicher noch als «endogen» manisch und depressiv Erkrankte finden sich heute jene stimmungsgestörten Menschen, die man zu der repräsentativsten Neuroseform der Gegenwart rechnen kann. Beherrschten zur Zeit Charcots und Freuds bis und mit der Periode des Ersten Weltkrieges die grossen hysterischen Phänomene das Feld der Neurosen, waren es später die organ-neurotischen Störungen, die die Überhand gewannen, heute neigen mehr und mehr Menschen zu *depressiven Verstimmungen*. Während sich bei einer Durchsicht früherer Krankengeschichten von psychiatrischen Kliniken feststellen lässt, dass die Diagnosen bei vielfach wiederholt aufgenommenen Kranken von «Gemütsleiden» schliesslich zu «Schizophrenie» hinüberwechseln, sieht man jetzt immer öfter zuerst als schizophren klassierte Kranke mit den Jahren ihre spezifisch schizophrene Symptomatik verlieren und in einfache depressive Verstimmung verfallen. Auch unter den nicht hospitalisierten, rein psychoneurotisch verstimmten Menschen bilden heute jene Menschen, die durch die Sinnlosigkeit und die Langeweile ihres Lebens zu Boden gedrückt werden, das Gros der Hilfesuchenden. Da bei ihnen weder einzelne seelische Symptome noch psychosomatische Störungen im Vordergrund stehen, wissen zumeist weder die Kranken selbst, noch ihre Ärzte, wohin mit ihnen. Krank im herkömmlichen Sinn sind sie eigentlich nicht. Aber auch der Seelsorger kommt nicht an sie heran und weiss ihnen nicht zu helfen. Oft und lange genug versuchen diese an Langeweile und Sinnlosigkeit leidenden Menschen, ihre verzweifelte Verfassung durch Arbeits-, Vergnügungs- oder Betäubungsmittelsüchte zu übertönen. Versagt dieses ständige Überspielen ihrer Not schliesslich, dann zeigen sie mit aller Aufdringlichkeit, was es mit der heute vorherrschenden depressiven Verstimmung auf Langeweile und Sinnlosigkeit auf sich hat. Dann kommt an ihnen krass zum Vorschein, welcher Art von gestörter Offenständigkeit des Daseins Langeweile eigentlich ist. Das, was sich ihnen zu zeigen vermag, entzieht sich ihnen zugleich – wenn auch nicht in ein völliges Verschwinden – so doch in eine Ferne, von der her es die Kranken kaum mehr angeht. Es sind nicht nur bestimmte Dinge, die dabei langweilig geworden sind. Es ist dem Kranken überhaupt lang-weilig. Es gibt in der Langeweile keine echte Zukunft, keine tragende Vergangenheit und keine sinnvolle Gegenwart mehr. Mit der Zeit pflegt bei vielen dieser modernen, an Langeweile- und Sinnlosigkeitsneurosen leidenden Menschen mehr und mehr eine unbestimmte, unfassbare Angst die Oberhand zu gewinnen. *Angst* aber ist jene Stimmung, welche die Ansprechbarkeit des Daseins auf das Vernehmen einer einzigen Möglichkeit einschränkt. Angst eröffnet dem Dasein die *eine* Möglichkeit, dass es nämlich sämtlicher Bezüge zum Anwesenden in der Welt verlustig gehen kann. Das Anwesende droht in der Verstimmung der Angst sich nicht nur wie in der Langeweile in die Ferne einer nichtssagenden Gleichgültigkeit zu entziehen. Auch als so Fernes bleibt das Begegnende in der

Welt des Gelangweilten immer noch anwesend. In der Angststimmung dagegen fürchtet das Dasein den völligen Entzug dessen, woran es sich halten kann. Ineins damit bringt die Angst das Dasein vor die Möglichkeit des eigenen Nicht-mehr-da-sein-Könnens. Es wird die Ankunft eines leeren, alles in sich vernichtenden Nichts gefürchtet. Zugunsten dieses Gewärtigens einer bevorstehenden Vernichtung des In-der-Welt-seins sind in der grossen Angst alle anderen Bezugsmöglichkeiten zum Gewesenen, Gegenwärtigen und Zukünftigen verdunkelt. Weder an den Dingen noch an seinen Mitmenschen kann der so Geängstigte einen Halt finden.

Die daseinsanalytischen Einsichten in die Grundverfassung des Menschseins ermöglichen aber nicht allein ein ganz neues und menschengerechteres Verstehen der verschiedenen Weisen des Krankseins. Sie sind auch von eminenter *praktisch-therapeutischer Bedeutung.* Nebst vielem anderem erlauben sie zum Beispiel eine ganz andere therapeutische Verwertung des Traumverständnisses und eine nicht minder grosse Änderung im Umgang mit der Patienten-Arzt-Beziehung. Weniger handgreiflich, doch therapeutisch nicht minder bedeutsam sind die Unterschiede im Atmosphärischen der therapeutischen Situation. Sie gründen vor allem in der unbedingten Ehrfurcht vor der Eigenart der jeweils sich zeigenden Phänomene menschlichen Existierens, im Seinlassen und Ernstnehmen ihrer als das, was sie sind.

Alois Hicklin

Des Menschen Zeit und Beginn

Die Tagung, deren Beiträge im vorliegenden Band gesammelt wurden, befasste sich mit zwei Themenkreisen. Erstens ging es um die Entstehungsgeschichte des Menschengeschlechts ganz allgemein, zweitens wurde nach der vorgeburtlichen Entwicklung des Menschen gefragt. Beiden gemeinsam ist die Frage des heutigen Menschen nach seiner Vergangenheit. Nach der Vergangenheit zu fragen, erscheint vorerst nicht allzu schwierig. Wir sprechen vom Menschen und von seiner Zeit meist, als ob dabei alles zum vornehein völlig klar wäre. Die Frage nach der Zeit, nach der Vergangenheit, Gegenwart und Zukunft ist sozusagen gerade durch die Selbstverständlichkeit, mit der wir unsere Zeit gebrauchen, jeder Fragwürdigkeit enthoben. Sobald wir uns aber von diesem vagen, uns allen selbstverständlichen und nicht speziell bedachten Vorverständnis entfernen, sobald wir zu bedenken und zu formulieren versuchen, was dieses Selbstverständliche denn eigentlich ist, bemerken wir, dass wir in beinahe unlösbare Bereiche vorzustossen versuchen.

M. Boss sagte irgendwann im Verlauf der Diskussion über den Zeitpunkt der Entstehung der Welt und des pflanzlichen, tierischen und menschlichen Lebens, deren Entwicklungen den Zeitraum von Hunderten von Jahrmillionen umspannten, woher wir denn das alles wüssten? Ob wir dabei gewesen wären? Diese Frage überfällt uns vorerst wie ein fauler Witz. Selbstverständlich sind wir nicht dabei gewesen! Wieso wissen wir dann aber etwas über diese Zeiten? Ebensogut liesse sich sagen: Wir wissen nur deshalb etwas darüber, weil wir dabei sind. Wie ist dies aber möglich, wenn das Menschengeschlecht erst etwa 3 Millionen Jahre alt sein soll, unsere naturwissenschaftlichen Forschungsmethoden erst knapp ein Jahrhundert und wir selbst sogar nur einen Bruchteil davon. Die Zeit des Menschen scheint einen merkwürdigen Charakter zu haben.

Vorerst gilt es festzuhalten, dass alles, was wir von früheren Zeiten wissen, etwas ist, was sich uns Menschen so zeigt. Was *war* und was *ist*, hat als Aussage nur dann einen Sinn, wenn das Geschehene und das Gegenwärtige in bezug zum Menschen steht, der beides sieht und erkennt. Es gibt nichts, was *war* und was *ist*, das dieses «Sein» nicht durch die Sicht, durch das Sehen und Verstehen des Menschen gewonnen hat. Erst durch den Menschen kommt es ins Licht, *ist* es! M. Heidegger hat in «Sein und Zeit» sehr eindrücklich auf diesen Sachverhalt hingewiesen. Dabei geht es um viel mehr als nur um eine philosophische Spielerei. Erst im Nachvollzug dieser Gedanken wird uns klar, dass phänomenologisch, das heisst im Nachvollzug dessen, was der Mensch unmittelbar als Wesen seiner Zeitlichkeit erlebt, der Zeitraum, in welchem sich ein Mensch unserer Zeit aufhält, weit über die Zeitspanne seines eigenen Lebens hinausgeht. Die Zeit eines Menschen beginnt nicht mit dem Zeitpunkt seines Beginns (sofern sich ein solcher Punkt überhaupt festlegen lässt, wonach in diesem Aufsatz gerade gefragt werden soll), sondern reicht weit über diesen hinaus.

Dass wir uns erinnernd bei diesem oder jenem Vorfall unseres eigenen Lebens aufhalten können, ist uns allen mehr oder weniger geläufig – obwohl auch dies noch genügend Probleme aufwirft. Erinnernd begebe ich mich zurück in jene Zeit, als dieses oder jenes mich bewegte, meine Aufmerksamkeit erregte, mich emotional berührte und mich zu diesem oder jenem Handeln veranlasste. In dieser Weise kann ich selbstverständlich nicht in die Steinzeit zurückgehen. Wenn wir uns bei Ereignissen aufhalten können, die zu einem Zeitpunkt stattfanden (besser wäre, zu sagen: die in einem Zeitpunkt datiert sind), der Jahrmillionen von unserer eigenen Existenz entfernt ist, wird das, was vor Jahrmillionen geschah, in meine jetzige forschende Auseinandersetzung und Vergegenwärtigung hineingenommen. Ist dann die letzte Eiszeit vorbei, wenn ich sie jetzt und heute in meine Gegenwart hineinnehmen kann? *War* sie oder *ist* sie? Sie ist (jetzt) als Gewesene! Aber wie kann sie jetzt als die Gewesene sein? Als Uhrzeitfolge (im Sinne des naturwissenschaftlichen Zeitbegriffs) kann sie nicht gleichzeitig gegenwärtig und gewesen sein.

Der Zeitraum, den ein Mensch erlebt und den er lebt, ist also um vieles grösser und anders als jener seiner Uhr, die mit seiner Geburt zu schlagen beginnt und bei seinem Tode stillsteht. Der Mensch lebt nicht einfach mit seiner Uhrzeit. In seiner Zeit hat ein ganzes Erdzeitalter Platz. Auf diesen ursprünglich menschlichen Charakter der Zeit hat M. Heidegger wiederholt hingewiesen.

Eines muss bis jetzt klar geworden sein. Die Frage nach der Zeit des Menschen und nach der Zeit seiner Uhr ist nicht so einfach, wie dies vorerst erscheint. Wir könnten es uns allerdings einfach machen. Wir könnten einfach alles mit der Stoppuhr messen. Dies ist in der naturwissenschaftlichen Arbeitswelt unumgänglich und notwendig. Es ist die Zeit, welche *diesem* Zugang zur Welt entspricht. Es lässt sich damit beispielsweise feststellen, wie viele Atome in einer Sekunde, in einem Jahr oder in tausend Jahren zerfallen. Oder die zerfallenen Atome können uns angeben, wieviel Zeit unterdessen verflossen ist. In dieser Weise misst der Paläontologe die Zeit und der Anatome, der das Alter eines Embryo angibt. Aber das ist doch offenbar jene Zeit, die uns etwas vom Gang der Sonne (in der Uhr) oder vom Gang der Atome etwas sagt, eine Zeit als Mass für kausale und statistisch-kausale Ereignisse. Aber kann man mit dieser Zeit auch die Zeit des Lebens messen? Soweit wir darunter physikalisch-chemische Vorgänge verstehen, die das Leben immer auch begleiten, offensichtlich schon. Wenn Leben aber mehr umfasst als hochkomplizierte, hochmolekulare physikalische Chemie: Erleben, Erfassen, Verstehen, Nachdenken, Forschen, Sehen, Einsicht gewinnen, nach Sinnhaftigkeit fragen, Wahl und damit Freiheit vollziehen, kann dies weder in metrischen noch in uhr-zeitlichen Einheiten angegeben werden. Die Zeit des Menschen ist eine andere als die Zeit seiner Moleküle und am allerwenigsten lässt sich seine Zeit aus derjenigen der Moleküle verstehen. Wenn schon, kann diese höchstens aus der ursprünglichen, menschlichen Zeit verstanden werden. Diese einleitenden Gedanken mögen soviel in Andeutungen aufgezeigt haben.

Beide Zeiten sind zwar bezogen auf menschliches Vernehmen. Die physikalische Zeit (Uhrzeit) auf das Vernehmen des Quantitativen der sich dem Menschen offenbarenden Welt. Des Menschen ursprüngliche Zeit, seine eigentliche Zeit ist jene, in der dieser in einem viel weiteren und offeneren Erleben

125

eine Vielfalt verschiedenster Beziehungsmöglichkeiten vollzieht. Wir fragen nun aber nach dem Beginn des Lebens, nach dem Beginn des menschlichen Lebens! Das ist die Zeitfrage des Beginns in der Ontogenese des Menschen und in der Paläontologie. Der Naturwissenschafter, der sich mit der chemisch-physikalischen oder anatomischen Seite von Lebewesen befasst, kann zwar über die uhrzeitliche Datierung bestimmter Ereignisse oder Vorgänge in seinem Bereich Angaben machen. Aber er datiert immer nur chemisch-physikalische Ereignisse eines Lebewesens. Er kann beispielsweise auf die Hundertstelsekunde genau angeben, wann ein bestimmtes einjähriges Kind das erste Wort gesprochen hat, dessen Tonfrequenzen er aufgezeichnet hat. Aber hat er damit den *Beginn* eines sprachlichen Wesens erfasst? Zu welchem Zeitpunkt beginnt der Mensch als sprachliches Wesen? Beim ersten Schrei, bei der Geburt, beim ersten Stammeln eines Lautgebildes, beim Aussprechen des ersten Wortes, beim Erkennen des ersten Gegenstandes, beim Bilden des ersten Satzes, mit der weitgehenden Beherrschung einer ganzen oder mehrerer Sprachen? Der Beginn dieser einzelnen Entwicklungsphasen, soweit sie mit physikalisch messbaren Äusserungen einhergehen, lassen sich sehr präzise datieren. Aber datieren lassen sich eben immer nur die einzelnen mehr oder weniger komplexen Äusserungen dieses sprachbegabten Wesens. Aber niemandem würde es wohl einfallen, dieses Wesen vor der ersten sprachlichen Datierbarkeit als sprachlos und in dieser Sprachlosigkeit einem Fisch gleichzustellen. Sind der Fötus, der Embryo, die Zygote, die Eizelle, die Samenzelle und ihre Vorgänger sprachlose Wesen, nur weil sie keine Laute von sich geben, die sich messen lassen? Dann müsste auch der taubstumme Mensch ein sprachloses Wesen sein. Wann beginnt also das sprachliche Wesen, das der Mensch ist und ihn möglicherweise erst zum Menschen macht?

Es ist deshalb sinnlos, wenn immer wieder die Forderung erhoben wird, man müsste zur Beantwortung dieser Fragen noch mehr Naturwissenschafter mit Kompetenzen in noch differenzierteren Spezialgebieten zuziehen. Das kann sicher immer sehr interessant und lehrreich sein. Aber die vorliegende Frage, die uns in diesem Zusammenhang interessiert, könnte durch noch so viele Humangenetiker oder Biochemiker nicht gelöst werden. Die Frage nach dem Beginn des Lebens entzieht sich der Kompetenz jedes Naturwissenschafters. Sie ist weder von der Zahl der verfügbaren Naturwissenschafter noch von deren Spezialität abhängig.

Die Frage nach dem datierbaren Beginn des menschlichen Lebens kann – weil falsch gestellt – überhaupt nicht beantwortet werden. Die Datierbarkeit erreicht immer nur physikalische Äusserungen lebender Wesen, aber nie das Lebendige selbst. Das heisst nicht, dass menschliches Leben nicht beginnt, aber es beginnt nicht datierbar. In gleicher Weise ist auch sein Ende nicht datierbar. Datierung, auf menschliches Leben angewandt, führt entweder zu völlig absurden oder willkürlichen Annahmen und Folgerungen. Die Zeit des Menschen ist nie die Zeit der Dinge. Seine Zeit hat keine Skala und keine Zeitpunktenfolge. In diesem Sinne hat er gar keine Zeit und daher auch keinen Beginn, keinen Zeitpunkt.

Erstaunlicherweise hegen aber gerade jene Kreise, die lange Zeit der Naturwissenschaft mit grösster Skepsis gegenüberstanden, heute eine beinahe naive Naturwissenschaftsgläubigkeit und legen besonderen Wert darauf, von eben diesen Naturwissenschaften genaue und verlässliche Angaben, zum Beispiel über den Beginn des menschlichen Lebens, zu erhalten.

Sie versuchen dann, aus solchen «Beweisen» schlüssige und allgemeinverbindliche Regelungen in bezug auf dieses Leben aufzustellen. Man kann aber nicht ehrlicherweise die Meinung vertreten, das Eigentliche des Menschen vollziehe sich *nicht* in der kausalen Sphäre von physikalischen Energiequanten, und im gleichen Atemzug für die Bestimmung der Zeitlichkeit des Menschen (und dazu gehört auch die Frage nach dem Beginn) gerade jene Zeit zu Hilfe nehmen, die der quantitativen Welt der Dinge gehört. In der Besprechung eines Buches vom Göttinger Anatomen Erich Blechschmidt über die Ursprünge des menschlichen Lebens (in der 4. Auflage im Christiana Verlag, Stein a. Rhein, erschienen) wird Blechschmidt wie folgt zitiert: «Die immer wieder aufgeworfene Frage, warum denn nun aus einem menschlichen Ei ein Mensch werde, ist deshalb im Ansatz verfehlt. Ein Mensch *wird* nicht Mensch, er *ist* Mensch und verhält sich schon von Anfang an als solcher. Und zwar in jeder Phase seiner Entwicklung von der Befruchtung an ...» Wenn Blechschmidt hier davon spricht, dass der Mensch immer schon *ist* und nicht *wird*, ist mit «ist» und «werden» doch wohl keine materielle Wirklichkeit gemeint, sondern der Mensch mit allen seinen ihm gegebenen Möglichkeiten, die ihm schon immer gegeben sind. Was «wird», ist der Austrag und der Vollzug derselben. Mit dem letzten Satz wird dann aber wieder eine Kehrtwende in eine rein mechanistische Anschauungsweise vollzogen, indem Blechschmidt sagt: «... und zwar in jeder Phase seiner Entwicklung *von der Befruchtung an*». Plötzlich *wird* nun aus dem Ei doch wieder ein Mensch, er *ist* es in einem bestimmten Zeitpunkt (als Ei) noch nicht, und *wird* es in einem bestimmten festumrissenen, datierbaren Zeitpunkt.

Logisch ist eine solche Denkweise auf jeden Fall nicht. Nicht nur legt sie willkürlich ein Datum für den Beginn menschlichen Seins fest. Obwohl hier vorher richtigerweise festgestellt wird, dass menschliches Leben in diesem Sinn in Wirklichkeit *ist* und gar *nicht wird*, wird der einmal gewonnene Boden zugunsten einer nur für physikalische Prozesse adäquaten Datierbarkeit wieder aufgegeben. Alles Werden im menschlichen Leben ist nie das Werden des Menschen, sondern immer nur dessen Aufgehen in wachsende, freiere und offenere Vollzugsweisen. Könnte es sonst je heissen: Werde, der du (immer schon) bist?

So stehen wir vor der Situation, dass die Datierbarkeit des Beginns menschlichen Lebens nicht den Bereich des eigentlichen Menschseins vorstösst, dieser aber wiederum keine exakte Bestimmung eines Zeitpunktes erlaubt. Beginn und Ende menschlichen Lebens können somit nicht anhand eines objektiven zeitlichen Massstabes, losgelöst von seinen übrigen menschlichen Vollzügen und Bezügen, bestimmt werden.

Selbst der Versuch, sich im scheinbar sicheren Rahmen genau bestimmbarer uhrzeitlicher Grenzsetzungen aufzuhalten, gerät mit jedem neuen wissenschaftlichen «Fortschritt» fortlaufend wieder ins Wanken. Allgemein gültige und überzeugende Beweiskraft erhält ein solcher Versuch nicht einmal (oder gerade nicht?) in fachwissenschaftlichen Kreisen. Zwar wird von vielen naturwissenschaftlich orientierten Forschern, die sich mit der menschlichen Entwicklung befassen, der Zeitpunkt der Befruchtung, also der Zeitpunkt der Verschmelzung von Ei- und Samenzelle, als der entscheidende Zeitpunkt der individuellen «Menschenwerdung» angesehen.

Auf die Problematik einer solchen Grenzsetzung – abgesehen von den vorher schon erörterten prinzipiellen, philosophischen Einwänden – wurde schon in der Podiumsdiskussion im Hinblick auf eine zwar bisher experimentell nicht erreichte, aber immerhin im Bereich der Möglichkeit bleibende parthenogenetische Entwicklung (eine Entwicklung, die nur aus einer Eizelle hervorgeht) hingewiesen. Unter dem Eindruck neuerer Experimente hat sich der deutsche Gynäkologenkongress 1970 zu einer anderen Grenzziehung entschlossen. Prof. Dr. med. H. Husslein schreibt dazu in einem Artikel mit dem Titel «Konfrontation mit dem Leben und dem Sterben: Indikationenlösung oder Fristenlösung?» (Hexagon, 4. Jahrgang, Heft 8, 1976): «Die Physiologen sind heute bereits in der Lage, in Nährlösungen Befruchtung und anschliessend Zellteilung herbeizuführen; sie zeigen uns Bilder solcher Zellkeimlinge. Derartige Bilder aber werfen erneut die Frage auf nach dem Beginn unseres Lebens. Ist ein solcher Keimling tatsächlich schon ein Mensch? Im grellen Licht dieser Bilder wird deutlich, welches Problem im Hintergrund aller Diskussionen über Nidationshemmer und Abtreibung steht: Wann beginnt unsere Verpflichtung, menschliches Leben zu schützen? – eine Frage, die auch beim interdisziplinären Gespräch am deutschen Gynäkologenkongress 1970 zur Diskussion stand. Die *Ratlosigkeit* angesichts der künstlich erzeugten Zellkeimlinge war für jeden spürbar; die *Ausweglosigkeit* einer verbindlichen, den einzelnen aus der Entscheidung entlassenden Antwort führte zu der Resolution, dass erst mit der *abgeschlossenen Einnistung* ein schutzbedürftiges menschliches Leben vorliege.»

Andere Vorschläge für die Festsetzung eines Zeitpunktes

sind ebenso denkbar, lassen sich ebensosehr oder ebensowenig begründen und werden früher oder später vorgetragen oder liegen schon vor.

Eines ist daraus zumindest ersichtlich: das Festklammern an der Datierung (im Sinne einer Uhr-Zeit) ergibt jedenfalls keinen verlässlichen Boden zur Lösung der in Frage stehenden Probleme. Allgemein verbindliche oder überzeugende Lösungen, so beruhigend sie sein könnten, sind demnach nicht möglich. Einigermassen verbindlich lässt sich wohl immer nur festlegen, welche menschlichen Bezüge ein in Entwicklung begriffenes menschliches Wesen (und als solche haben auch die künstlich in Nährlösungen erzeugten *menschlichen* Zellkeimlinge zu gelten) irgendwelcher Entwicklungsstufe (Eizelle, Zygote, Embryo, Fötus, Säugling, Kleinkind usw.) bereits vollzogen hat oder vollzieht und welche vorerst als unvollzogene Möglichkeiten noch brachliegen. Jeder Abgang einer Eizelle und jeder natürliche oder künstliche Schwangerschaftsabbruch beinhaltet den Untergang einer Anzahl bereits vollzogener menschlicher Bezüge und einer bedeutend grösseren Zahl noch nicht vollzogener Möglichkeiten. Sein ethischer Stellenwert kann nicht mit einer fragwürdigen Festlegung eines datierbaren Beginns menschlichen Lebens verknüpft werden. Dafür müssen offensichtlich andere Kriterien Beachtung finden, die beispielsweise von Condrau und Saner in ihren Beiträgen in Betracht gezogen wurden.

Gion Condrau

Die Ontogenese des Menschen und ihre politisch relevanten Aspekte

Die Politik hat sich insofern mit der Frage nach dem Beginn menschlichen Lebens zu befassen, als sie sich grundsätzlich

1. um den Schutz des menschlichen Lebens zu kümmern und
2. die Gesetzgebung in bezug auf das werdende und gewordene Dasein zu regeln hat.

Der gesetzliche Schutz des Ungeborenen

Der grundsätzliche Schutz menschlichen Lebens ist in den meisten Staaten durch entsprechende Gesetzgebungen gewährleistet. In der Schweizerischen Bundesverfassung ist der Schutz des *Ungeborenen* nicht expressis verbis gesichert, indessen ist das Recht auf Leben ein ungeschriebenes Verfassungsrecht. So ist auch gemäss Art. 31, Abs. 2 des Zivilgesetzbuches ein Kind schon vor der Geburt rechtsfähig, unter dem Vorbehalt, dass es geboren wird. Das ungeborene Kind hat, mit anderen Worten, in den Schranken der Rechtsordnung die Fähigkeit, Rechte und Pflichten zu haben (Art. 11, Abs. 2 ZGB). Nach Tuor/ Schnyder [1] hat die Leibesfrucht demnach neben dem Recht auf Leben eine «resolutiv» bedingte Persönlichkeit. Dieses «Recht auf Leben» wurde in der «Konvention zum Schutze der Menschenrechte und Grundfreiheiten» festgehalten und am 3. Oktober 1974 von der Bundesversammlung genehmigt. Abschnitt I, Art. 2, beginnt mit der Feststellung «Das Recht jedes Menschen auf das Leben wird gesetzlich geschützt». Dass dieses Recht auch für den noch ungeborenen Menschen gilt, wird angenommen.

Dieser Schutz menschlichen Lebens wird jedoch nirgends als absolute Forderung gesehen. Das heisst: die Schutzbestimmung ist relativ. So ist beispielsweise die Erhaltung menschlichen Lebens in Situationen der Notwehr und des Krieges nicht mehr gewährleistet und dementsprechend auch nicht vom Staat unter Androhung von Strafe gefordert. Auch behalten sich verschiedene Staaten die Todesstrafe vor, die möglicherweise nicht nur bei Verbrechen gegen das Leben anderer, sondern auch für wirtschaftliche Vergehen ausgesprochen wird. In Staaten, die keine Todesstrafe kennen, sind Bestrebungen im Gange, diese wieder einzuführen; selbst in der Schweiz, wo die Todesstrafe nur in Kriegszeiten (im Aktivdienst, auch ohne Kriegsverwicklung) angewendet wird, sollen 50% der Befragten für die Einführung derselben bei Gewaltverbrechen stimmen.

Obschon die Vorschrift des Art. 31 Abs. 2 ZGB grundsätzlich alle Tatbestände (auch im öffentlichen Recht) umfassen dürfte, hat der Gesetzgeber das Prinzip in verschiedenen weiteren Vorschriften ausdrücklich wiederholt. So im Recht über die *Beistandschaft* (Art. 393 Ziff. 3 ZGB: «zur Wahrung der Interessen des Kindes vor der Geburt») und im *Erbrecht* (Art. 544 ZGB: «Das Kind ist vom Zeitpunkt der Empfängnis an unter dem Vorbehalt erbfähig, dass es lebendig geboren wird»; Art. 605 Abs. 1 ZGB: «Ist beim Erbgang auf ein noch nicht geborenes Kind Rücksicht zu nehmen, so muss die Teilung bis zum Zeitpunkte seiner Geburt verschoben werden»). Nicht für nötig hielt der schweizerische Gesetzgeber einen Anspruch des Nasciturus auf Versorgerschaden, da die Geburt in jedem Fall vor Ablauf der Verjährungsfrist erfolgt (BGE 62 II 147ff.). Eine gegensätzliche Meinung findet sich im Deutschen Reichshaftpflichtgesetz, wo ein ausdrücklicher Anspruch auf Versorgerschaden (§ 3 II) festgelegt ist. Hinsichtlich der *Sozialversicherung* ist die Vorschrift von Art. 46 der Schweizerischen Alters- und Hinterbliebenenversicherungsverordnung bekannt, die sich ausdrücklich mit dem ungeborenen Kind befasst, während auf Gesetzesstufe keine darauf hinweisenden Bestimmungen zu finden sind. «Die beim Tode des Ehemannes schwangere Ehefrau ist einer Witwe mit Kind ... gleichgestellt, unter dem Vorbehalt, dass das Kind lebend geboren wird.» Im *Strafrecht* ist der Schutz des werdenden Lebens durch die Art. 118 bis 121 des Schweizerischen Strafgesetzbuches unter dem Titel «Strafbare Handlungen gegen Leib und Leben» festgehalten. Art. 118 StGB hält fest, dass eine Schwangere, die ihre Frucht abtreiben lässt, mit Gefängnis bestraft wird. Art. 119 StGB sieht die Bestrafung des Abtreibers vor. Art. 120 StGB legt die Bedingungen dar, unter denen ein Schwangerschaftsunterbruch durchgeführt werden darf. Dazu gehören:

1. die schriftliche Einwilligung der Schwangeren;
2. die Durchführung durch einen patentierten Arzt;
3. das zustimmende Gutachten eines zweiten patentierten Arztes;
4. «um eine nicht anders abwendbare Lebensgefahr oder grosse Gefahr dauernden schweren Schadens an der Gesundheit von der Schwangeren abzuwenden».

In diesem Zusammenhang muss auch Art. 34 StGB erwähnt werden, insbesondere Abs. 2: «Die Tat, die jemand begeht, um das Gut eines anderen, namentlich Leben, Leib, Freiheit, Ehre, Vermögen, aus einer unmittelbaren, nicht anders abwendbaren Gefahr zu erretten, ist straflos.»

Die schweizerische Regelung bedeutet in der Praxis, dass der Grossteil der «zustimmenden Gutachten» von einem Psychiater erstellt werden. Eine «nicht anders abwendbare» Gefahr für Leben und Gesundheit der Schwangeren ist nämlich somatisch nur noch in seltenen Fällen gegeben. Wieweit sie psychiatrisch nachweisbar ist, soll hier nicht näher untersucht werden. Man geht wohl nicht fehl in der Annahme, dass der psychiatrische Weg eher einen Ausweg, wenn nicht gar eine Alibiübung darstellt, die dem Vollzieher des Gesetzes nicht ungelegen kommt.

Die Verhältnisse in Europa

In den Ost- und Nordländern sind die Lösungen liberaler, zumeist auf dem Prinzip der Fristenlösung beruhend, sofern nicht einfach die totale Freigabe vorherrscht. In Westeuropa [2] sind ebenfalls Versuche zu einer Liberalisierung zu erkennen.

In der *Bundesrepublik Deutschland* ist nach § 218 des Strafgesetzbuches von 1871 jeder Schwangerschaftsabbruch illegal, ausser wenn das Leben oder die Gesundheit der Schwangeren ernsthaft gefährdet ist. Eine psychiatrische Indikation ist hin-

135

gegen nicht zulässig, obwohl die rechtliche Grundlage dieser Ausnahme unklar ist. Dies hat zur Folge, dass einerseits die Zahl der legalen Eingriffe ständig sinkt, jene der illegalen aber ansteigt. Die «Dunkelziffer» wird mit 750000 bis 1500000 angegeben. Dieser Zustand hat nun zu neuen Lösungsversuchen geführt, die aber noch nicht endgültig bereinigt sind. Die Regierung legte (1971) zunächst ein Indikationsmodell vor, doch einigte sich die Koalition (SPD/FDP) auf die Fristenlösung (12 Wochen). Am 5. Juni 1974 wurde die Fristenlösung trotz Opposition von seiten der CDU/CSU beschlossen. Am 25. Januar 1975 erklärte das Bundesverfassungsgericht das neue Gesetz als verfassungswidrig, weil es das «Recht auf Leben» verletze. Die Verfassungsrichter haben jedoch bis zu einer definitiven Neuregelung eine Übergangslösung vorgelegt. Danach soll ein Schwangerschaftsabbruch bei medizinischer Beeinträchtigung der körperlichen und seelischen Gesundheit, eugenischer und ethischer Indikation straffrei sein.

In *Österreich* galt bis 1974 das Strafgesetzbuch von 1853 (§ 144), das die Abtreibung gänzlich verbot, sowie eine Novelle von 1937 (§ 344, § 357a), die – wie in der Schweiz – einen Schwangerschaftsabbruch zuliess, um eine nicht abwendbare Lebensgefahr oder Gefahr dauernden schweren Schadens der Frau zu vermeiden. Die Zahl der illegalen Abtreibungen soll damals sehr hoch gewesen sein (200000 bis 300000 jährlich). Am 29. November 1973 beschloss dann der österreichische Nationalrat die Einführung der Fristenlösung innerhalb von 12 Wochen, die seit Beginn 1975 in Kraft steht. Eine Verfassungsklage wurde vom österreichischen Verfassungsgerichtshof am 11. Oktober 1974 mit der Begründung abgelehnt, der Schwangerschaftsabbruch stelle keinen staatlichen Eingriff in die Rechte der Staatsbürger dar und widerspreche nicht den Normen der Menschenrechtskonvention. Die Praxis hat sich jedoch der Gesetzgebung noch nicht angepasst und ist nach wie vor in Österreich sehr restriktiv. Zudem steht ausdrücklich im Gesetz: «Kein Arzt ist verpflichtet, einen Schwangerschaftsabbruch durchzuführen oder an ihm mitzuwirken.» In *Holland* gründeten 1971 einige Ärzte eine modern eingerichtete «Abtreibungsklinik». Heute gibt es etwa zehn solcher Kliniken, die zum Teil sogar über die 12. Woche hinaus Abtreibungen vornehmen. Sie werden vom Ministerium für Volksgesundheit kontrolliert. Am 29. September 1976 hat das niederländische Parlament einer Gesetzesvorlage zugestimmt, wonach den Frauen das Recht eingeräumt wird, unter ärztlicher Aufsicht in staatlich anerkannten Kliniken Abtreibungen (ohne Festlegung einer Frist) vornehmen zu lassen. Der niederländische Senat (die erste Kammer) des holländischen Parlamentes hat jedoch im Dezember 1976 den Gesetzesvorschlag überraschend abgelehnt, so dass nach wie vor eine Diskrepanz zwischen Gesetz und Praxis mit der damit verbundenen Rechtsunsicherheit besteht. Täglich werden in zahlreichen Abtreibungskliniken Schwangerschaftsabbrüche in beträchtlichem Umfang vorgenommen, ohne dass strafrechtlich eingegriffen wird. Die Gesetzgebung wurde durch die gesellschaftliche Entwicklung überholt und praktisch ausser Kraft gesetzt [3]. Im *Romanischen Rechtskreis*, also in *Spanien, Belgien, Luxemburg* und *Italien* war bisher, mit Ausnahme Frankreichs, wenn überhaupt, zumindest eine «Vitalindikation» für den legalen Schwangerschaftsabbruch notwendig. *Spanien* (Art. 411 bis 417 des Strafgesetzbuches) und *Luxemburg* (Art. 348ff. des Strafgesetzbuches) untersagen die Abtreibung grundsätzlich. Ausnahmen oder Indikationen gibt es nicht. *Belgien* kennt nur die Vitalindikation, das heisst Straffreiheit, wenn das Leben der Schwangeren in Gefahr steht (Art. 348ff. des Strafgesetzbuches). In *Frankreich* war bis Ende November 1974 der Abbruch der Schwangerschaft grundsätzlich verboten (Art. 317 des Strafgesetzbuches). Zugelassen war lediglich die Vitalindikation; drei Ärzte mussten das Gesuch unterstützen, das Gutachten musste zudem bei der Gesundheitsbehörde hinterlegt werden. Trotzdem sollen im Jahr über eine Million Abtreibungen auf illegalem Wege vorgenommen worden sein. Im Februar 1973 beschuldigten sich 330 Ärzte selbst, Abtreibungen vorgenommen zu haben – sie wurden nicht bestraft. Auf Initiative der Gesundheitsministerin Simone Veil wurde schliesslich am 29. November 1974 die Fristenlösung (10 Wochen) von der französischen Nationalversammlung beschlossen. Auch in *Italien* ist die Zahl der illegalen Abtreibungen sehr hoch. Der Art. 545ff. des Strafgesetzbuches verbot grundsätzlich jeden Schwangerschaftsabbruch, obwohl auch hier die Zahl derselben jene der Geburtenziffer übertraf. Über 1,5 bis 2 Millionen Eingriffe pro Jahr wurden geschätzt, über 20 000 Frauen sollen jährlich bei einer Abtreibung gestorben sein. Trotz dieser Zahlen gab es nicht mehr als 200 Gerichtsfälle pro Jahr. Der Versuch einer Liberalisierung des Schwangerschaftsabbruches scheiterte am 1. April 1976; in neuerer Zeit galt die – bereits am 18. Februar 1975 vom italienischen Verfassungsgericht anerkannte – Regel, dass ein somatisch-medizinisch und juristisch indizierter Abbruch der Schwangerschaft straflos bleiben soll. Am 21. Januar 1977 verabschiedete jedoch die italienische Abgeordnetenkammer mit 310 gegen 296 Stimmen ein neues Abtreibungsgesetz, das insgesamt 23 Artikel umfasst. Der Staat garantiert das Recht auf «bewusste und verantwortungsvolle Fortpflanzung», anerkennt den sozialen Wert der Mutterschaft und des menschlichen Lebens von seinem Beginn an. Schwangerschaftsabbrüche sollen nicht Mittel zur Geburtenregelung werden. Im Artikel 2 wird den über 16jährigen Frauen das Recht zugebilligt, eine Abtreibung innerhalb von 90 Tagen vornehmen zu lassen, sofern die Schwangerschaft «eine ernste Gefahr für die physische und psychische Gesundheit der Frau, ihre wirtschaftlichen, sozialen oder familiären Verhältnisse mit sich bringt». Auch bei befürchteter Missbildung des Kindes soll der Eingriff erlaubt werden. Diese Regelung entspricht weitgehend der Fristenlösung, da die Entscheidung allein bei der Schwangeren liegt. Allerdings muss sie, zumindest subjektiv, Schwangerschaft und Geburt als eine Bedrohung ihrer physischen oder psychischen Gesundheit empfinden – was bei anderen Fristenlösungsmodellen nicht gefordert wird.

In *England* schliesslich, dem wohl am meisten von Ausländerinnen (50 000 im Jahre 1973) aufgesuchten Land, steht seit dem 27. April 1968 der sogenannte Abortion Act in Kraft. Voraussetzung für einen straffreien Abbruch der Schwangerschaft ist eine schwere physische und psychische Gefahr für die

Schwangere, wobei auch die «vorauszusehenden Verhältnisse» mitberücksichtigt werden sollen. Ethische und soziale Indikationen werden im Gesetz nicht, in der Praxis jedoch anerkannt. Durch die Liberalisierung sollen die kriminellen Abtreibungen erheblich zurückgegangen sein (von 1961: 50000 auf 1971: 14000). Heute soll es 40000 illegale Aborte weniger geben als noch vor fünf Jahren. Ein Schwangerschaftsabbruch darf in England nur stationär durchgeführt werden, was die Entwicklung von Abortkliniken und damit die Kommerzialisierung förderte. England ist im übrigen das einzige Land in Europa, das die Abtreibung bis zur 25. Woche zulässt. In den ersten 12 Wochen wird die Absaugmethode benutzt; deren Komplikationsrate liegt etwas tiefer (bei 4%) als bei der Ausschabung (5–6%). Zwischen der 12. und etwa 17. Woche kommt eine kombinierte Methode zur Anwendung, in noch fortgeschritteneren Stadien wird der «kleine Kaiserschnitt» durchgeführt oder durch Spritzen eine künstliche Fehlgeburt eingeleitet. Vorgängig der Interruptio graviditatis müssen zwei Ärzte ihre Einwilligung geben. Tarnesby schreibt übrigens in seinem Buch [4], die psychologischen Begleiterscheinungen eines Schwangerschaftsabbruchs scheinen bei den meisten Frauen nicht ins Gewicht zu fallen.

«Schwangerschaftsabbruch» als politische Zerreissprobe

Die Frage nach dem Schutz noch ungeborenen menschlichen Lebens ist in der heutigen Zeit zu einem hochbrisanten und explosiven Politikum geworden. Ein grosser Teil der öffentlichen Meinung sowie politische Parteien und politische Persönlichkeiten aller Schattierungen befürworten einen *absoluten Schutz* des noch ungeborenen menschlichen Lebens durch den Staat und verlangen, dass dieser staatsrechtliche Schutz strafrechtlich untermauert werde. Andere Gruppen wiederum setzen sich für eine *Aufhebung der absoluten Schutzwürdigkeit* ungeborenen Lebens ein. Im Zwischenfeld dieser beiden Extreme befindet sich jene Gruppe, die eine *begrenzte Schutzwürdigkeit* ungeborenen menschlichen Lebens fordert. Dies bedeutet, dass eine Wertabwägung zwischen dem Lebensrecht des werdenden Menschen und den Bedürfnissen der schwangeren Frau vorgenommen wird. Die politische Entscheidung des Bürgers und des Gesetzgebers in der Frage des straflosen Schwangerschaftsabbruches ist von weltanschaulich-ethischen, von sozial-politischen, von juristischen, medizinischen und praktischen Erwägungen abhängig. Sie stehen hier im Zusammenhang mit unserer Fragestellung nicht im Gesamten zur Diskussion. Ich habe sie andernorts ausführlich besprochen [5]. Erschwerend wirkt sich aber für alle Entscheidungsgrundlagen die Tatsache aus, dass offensichtlich über den *Beginn menschlichen Lebens* kein consensus omnium besteht. Die Auffassungen hinsichtlich des Beginnes menschlichen Lebens haben sich nicht nur historisch geändert, sondern sind auch in der heutigen Zeit nicht restlos geklärt. Im politischen Bereich heisst dies, dass sowohl Befürworter wie Gegner einer Liberalisierung des Schwangerschaftsabbruches mit gegensätzlichen Argumenten ihre Position vertreten.

Die positive Frage nach der Wertabwägung setzt die genaue Kenntnis der Werte voraus, die möglicherweise gegeneinander in Konflikt geraten. Für den *geborenen* Menschen, hier die Mutter, gilt, dass deren Leben eindeutig als *Menschsein* festgelegt ist. Als solches gelten die Grundzüge, welche dieses Menschsein als Dasein konstituieren, unabhängig davon, ob dieselben individuell aktualisiert werden können oder nicht. Dahinein gehören auch die leiblichen Voraussetzungen menschlichen In-der-Welt-Seins. In bezug auf das *ungeborene* Leben stellen sich die Fragen komplizierter. Einmal geht es um jene nach dem *Beginn* des Lebens als spezifisch menschliches Dasein und zweitens um jene, ob überhaupt ein *Zeitpunkt* angenommen werden darf oder ob es sich um einen *Werdensprozess* handelt, das heisst: um eine kontinuierliche Entwicklung. Je nach Beantwortung dieser Fragen wird der Wert des ungeborenen Lebens in der Gegenüberstellung zum Wert des geborenen Daseins eine andere Einstufung erfahren.

Wann beginnt «spezifisch menschliches Leben»?

Im politischen Entscheidungsprozess wird generell auf zwei Grundlagen abgestellt: erstens auf die Aussagen der *Wissenschaft*, zweitens auf die Einstellung der *öffentlichen Meinung*. Dass uns beide in der Frage des Schwangerschaftsabbruchs weitgehend im Stiche lassen, sei bereits vorweggenommen. Eine einheitliche Meinung gibt es weder in der Wissenschaft noch in der Öffentlichkeit. Um so erstaunlicher ist, mit welchem Anspruch auf Sicherheit und unbezweifelbarer Wahrheit die Ansichten vertreten werden. Einige Beispiele mögen dies belegen.

Die schweizerische Vereinigung «Ja zum Leben» bekennt sich in einer ausführlichen Mitteilung vom Juni 1976 zum Grundsatz, dass «jedem menschlichen Wesen das Recht auf Leben, unabhängig von Krankheit, Gebrechen, Alter, Intelligenzgrad und sozialer Umwelt» zu sichern sei. Es sei *«wissenschaftlich absolut sicher»*, dass das neue Individuum von der Zeugung an genetisch festgelegt ist und «ein neues menschliches Wesen darstellt». Die Schrift beruft sich in diesem Zusammenhang auf Professor Dr. med. E. Blechschmidt, Direktor des Anatomischen Instituts Göttingen, einen «der bedeutendsten und erfolgreichsten Humanembryologen unserer Zeit». Dessen Kernsatz lautet: «Ein Mensch wird nicht Mensch, sondern ist ein Mensch, und zwar in jeder Phase seiner Entwicklung.» Dieser Aussage gemäss wäre allerdings die Fragestellung an unsere Tagung («Das Werden des Menschen») bereits falsch, da ein ontogenetischer Entwicklungsvorgang zum Menschsein hin von vorneherein abgelehnt wird. Bei genauerem Hinsehen hingegen stellt sich doch immer wieder die Frage, ob tatsächlich die naturwissenschaftlich orientierte Humanembryologie mit ihren naturwissenschaftlichen Methoden in der Lage sei, mit der in dieser Frage absoluten Gewissheit zu behaupten, wann menschliches Leben entstehe. Man kommt nicht um den Eindruck herum, dass solche Aussagen zumeist vor allem dazu dienen, sofern sie nicht gerade diesen Zweck verfolgen, die öffentliche Meinung zu beeinflussen. Die politische Intention ist leicht durchschaubar, wenn die «wissenschaftlichen Äusserungen» in

Grossaufmachung unter Titeln erscheinen wie «Abtreibung ist Mord» oder «Die Ehrfurcht vor dem Leben wird durch die Abtreibung beseitigt, der Euthanasie wird der Weg geöffnet». Auch die «Schweizerische Ärztevereinigung für die Achtung vor dem menschlichen Leben» stellte in einem (undatierten) Memorandum an die Mitglieder des Parlamentes der Schweizerischen Eidgenossenschaft fest, sämtliche modernen Forschungsergebnisse der Genetik und Morphologie des Menschen in den frühesten Entwicklungsstadien wiesen darauf hin, dass die Befruchtung die sofortige Entstehung eines einmaligen, von Vater und Mutter völlig verschiedenen menschlichen Wesens mit dem vollen genetischen Code seiner späteren Existenz verursache. Die Abtreibung als gewalttätige Vernichtung menschlichen Lebens missachte die elementarsten Grundrechte des Menschen, nämlich das Leben gegen Übergriffe der Mitmenschen und das schwächere Glied der menschlichen Gemeinschaft gegenüber dem Stärkeren zu schützen. Sollten diese Rechtsgrundsätze nicht mehr bestraft werden, so würde die Verfassung «zu einem wertlosen Fetzen Papier» herabgewürdigt. Die eugenische Indikation wird in diesem Memorandum, das mehr deklamatorischen als wissenschaftlichen Wert aufweist, der aktiven Euthanasie gleichgestellt, als eigentlichen biologischen Rassismus bezeichnet, der unter anderem «die Bestrebungen medizinischer Forschung zur Vorbeugung und Heilung angeborener Missbildungen» untergrabe!

Wie unendlich schwierig, ja möglicherweise unlösbar das Problem der Menschwerdung ist, beweisen wiederum andere Ausführungen ernst zu nehmender Wissenschaftler. Ich verweise hier vorerst auf die Beiträge von Medard Boss und Hans Saner. Aber auch namhafte Theologen christlicher Religionen haben sich differenziert zu dieser Frage geäussert. Ich erwähne hier den evangelischen Theologen Jürgen Moltmann [6] und den katholischen Moraltheologen Franz Böckle [7]. Einen bedenkenswerten Beitrag liefert der an der Universität Salzburg dozierende Theologe und Philosoph Felix Hammer, aus dessen Beitrag [8] ich einige Zeilen zitiere: «Die Medizin» – so sagt er – «entscheidet tatsächlich nicht selten über Existenz und wird es in Zukunft wohl noch mehr tun. Theoretisch aber ist sie dieser Aufgabe nicht gewachsen. Es gibt nicht einmal ein biotheoretisches Grundmodell vom Menschen.» Ein «Lebensbegriff», der sich auf dieser Basis entwickle, könne nicht anders als biologistisch und biomechanisch ausfallen. Leben werde nach seinen quantifizierbaren, physikalischen und chemischen Niederschlägen und *nur* von dort her bestimmt. «Ein Mensch lebt, sobald und solange die Zeiger von immer komplizierteren Apparaten ausschlagen.» Die Auffassung Hammers über die Entstehung des menschlichen Individuums, zu der sich nach einer persönlichen Mitteilung auch Böckle bekennt, geht nun kurz zusammengefasst dahin, dass Leben nicht vom Mikroskop her definiert werden könne, sondern dass seine differenzierte Gesamtgestalt und die Verhaltensmöglichkeiten zu berücksichtigen seien. Die berühmte und gleichzeitig umstrittene Beseelungstheorie, die wir bei Aristoteles und Thomas von Aquin finden, nämlich die Annahme einer sukzessiven Beseelung, erhalte eine neue Ausdeutung, wenn man den Prozesscharakter der menschlichen Entwicklung berücksichtigt. Gegenüber jeder primitiven Verwechslung von Potenz und Akt werde die Beseelungslehre von Aristoteles und Thomas von Aquin doch grundsätzlich der erscheinenden Leib-Seele-Einheit des Menschen gerecht. Von voller geistiger Personalität könne nur gesprochen werden, meint Hammer, wo *physisch* wenigstens die Möglichkeit zu entsprechenden Lebensvollzügen gegeben ist. Mit anderen Worten, eine Geistbeseelung ist auch für Aristoteles und Thomas von Aquin ohne ausreichendes Organsubstrat nicht möglich.

Die Gesetzgebung geht dieser Frage aus dem Wege. Immerhin gibt es Anhaltspunkte im Zivilgesetzbuch, dass für Normen, die das Leben betreffen, ein gewisser «somatischer» Entwicklungsstand gefordert wird. Art. 46 des Schweizerischen Zivilgesetzbuches macht es zur Pflicht, jede Geburt und jede nach dem sechsten Monat der Schwangerschaft erfolgte Fehlgeburt dem Zivilstandsbeamten anzuzeigen. Da dieser Artikel von Anfang an infolge des Wandels der Begriffsbestimmungen unterschiedlich und unzutreffend ausgelegt wurde, setzte der Bund eine Expertenkommission bestehend aus Ärzten, Juristen und Statistikern ein. Heute gilt die folgende Definition: «Als lebendgeboren und meldepflichtig im Sinne des Zivilgesetzbuches gilt ein Kind, das nach völligem Austritt aus dem Mutterleib (Kopf, Körper und Glieder) atmet oder mindestens Herzschläge aufweist und eine Körperlänge von mehr als 30 cm hat» [9]. Für unsere Problemstellung ist es wichtig zu wissen, dass die «30 cm» Länge massgeblich sind. Wenn eine menschliche Leibesfrucht weniger als 30 cm Körperlänge aufweist, gilt sie als Abort oder Fehlgeburt, «und zwar unbekümmert darum, ob sie sogenannte Lebenszeichen» von sich gibt oder nicht. Über diese Ereignisse sind grundsätzlich keine Meldungen zu erstatten, sie sind weder in das Geburten- noch in das Sterberegister einzutragen. Im Klartext heisst dies, dass dem «fehlgeborenen» Fötus nicht die gleiche «Persönlichkeit» zugesprochen wird wie dem nach dem 6. Schwangerschaftsmonat geborenen toten oder lebenden Kinde.

Diese frühe Leibesfrucht wird denn auch nicht mit offiziellen Riten begraben, sondern zumeist – sofern in einer Klinik, der Pathologie zugewiesen – still beseitigt. Es besteht auch keine gesetzliche Verpflichtung, eine Schwangerschaft anzumelden, so dass die Zahl der Fehlgeburten in den ersten Monaten gar nicht erfassbar ist. Es wird angenommen, dass die Zahl der Fehlgeborenen «sehr wahrscheinlich so gross ist wie die der Lebendgeborenen, wenn nicht noch grösser». Auch muss man sich bewusst sein, «dass die Wahrscheinlichkeit, Angaben über die abortierten menschlichen Leibesfrüchte zu erhalten, mit abnehmender Schwangerschaftsdauer in progressivem Ausmass geringer wird. Schon Meldungen über die Früchte des dritten Schwangerschaftsmonates sind ausgeschlossen, geschweige denn über die Früchte des zweiten und ersten Schwangerschaftsmonates» [10].

In Deutschland und anderen Ländern gelten wiederum voneinander divergierende gesetzliche Regelungen. Nach dem Code Civil Français kommt die Persönlichkeit nur einem Kinde zu, «qui nait vivant et viable»; über die Lebensfähigkeit entscheidet allein der Arzt.

Wir sehen uns hier vor der bemerkenswerten Tatsache, dass von Gesetzes wegen der lebend geborene, zumindest in seiner körperlichen Reife weiterentwickelte Mensch als Persönlichkeit, das heisst, als spezifisches Mensch-Sein höher eingestuft wird als der frühe Embryo. Auch hier wird offenbar das Mensch-Sein von einem ausreichenden Organsubstrat abhängig gemacht.

Die Ausführungen Hammers zur menschlichen Person dürften allerdings ebenso zu Zweifeln führen wie die gegenteiligen Behauptungen. Insbesondere für die Frage der Euthanasie schwer Hirnverletzter hätten sie wohl fragwürdige Folgen. Immerhin gibt es noch andere Stimmen, welche dem Ungeborenen das volle «Menschsein» absprechen.

A. M. Rey schreibt zum Beispiel, wer den Schwangerschaftsabbruch als Tötung oder gar Mord werte, setze «damit den Embryo einem fertigen Menschen gleich». Ein Mensch sei etwas grundlegend anderes als ein Embryo; «der Embryo ist erst potentielles, nicht virtuelles menschliches Leben» [11]. M. Favre stellt in der gleichen Schrift die berechtigte Frage: «Wenn man das befruchtete Ei unter Schutz stellt, kann man dann dem unbefruchteten Ei oder der Samenzelle denselben Schutz verweigern? Wenn das menschliche Leben schutzwürdig ist, ist es dann das tierische und pflanzliche Leben nicht ebenfalls?» Es sei nichts als Heuchelei, wenn man sich die Ehrfurcht vor dem Leben aufs Banner schreibe, während man sich in Wirklichkeit einzig und allein um das menschliche Leben im embryonalen Stadium kümmere [12].

Erschwert wird die Frage nach dem Beginn menschlichen Lebens auch durch die neuesten physiologischen Experimente. Heute ist man bereits in der Lage, Befruchtung und anschliessend Zellteilung in Nährlösungen herbeizuführen. Bilder von solchen Zellkeimlingen konfrontieren uns jedoch wieder mit dem Problem, ob ein solcher Keimling bereits als Mensch betrachtet werden darf. Husslein berichtet, dass diese Frage auch beim interdisziplinären Gespräch am deutschen Gynäkologenkongress 1970 zur Diskussion stand. «Die Ratlosigkeit angesichts der künstlich erzeugten Zellkeimlinge war für jeden spürbar; die Ausweglosigkeit einer verbindlichen, den einzelnen aus der Entscheidung entlassenden Antwort führte zur Resolution, dass erst mit der abgeschlossenen Einnistung ein schutzbedürftiges menschliches Leben vorliege» [13].

Politische Lösungsmöglichkeiten

Damit stehen wir wieder am Anfang unserer Überlegungen, immerhin mit der berechtigten Überzeugung des Zweifels. Für die politische Beurteilung der Frage nach gesetzlichen Regelungen von Schwangerschaftsabbruch und Euthanasie gibt die Wissenschaft nur wenig bis gar keine Entscheidungshilfen, und somit bleibt die gesetzgeberische Festlegung ein Anliegen der *öffentlichen Meinung*, die sich in der Demokratie auf Mehrheitsbeschlüsse stützt. Mehrheiten und Minderheiten jedoch gehören in den Bereich des zahlenmässig Erfassbaren. Zahlenmässig erfassbar sind individuell entstandene Meinungsbildungen insofern, als Fragen mit ja oder nein beantwortet werden können. Wenn in der Demokratie über ein Gesetz oder einen Verfassungsparagraphen abgestimmt wird, so geschieht dies mit einer einfachen Zustimmung oder Ablehnung, ohne dass der Einzelne befugt oder gar dazu aufgerufen wäre, seine Stimmabgabe zu begründen. Die Begründung ist somit dem *Gewissensentscheid* des Einzelnen überantwortet. Ein Gewissensentscheid setzt jedoch voraus, dass der Mensch weiss, worum es geht, und dass er die Entscheidungsfreiheit bewahrt hat. In der Frage nach der politischen Beurteilung des Schwangerschaftsabbruchs wird sich das Wissen vor allem durch die öffentlichen Diskussionen und durch die Information der Massenmedien bilden. Die Entscheidungsfreiheit wird vielfach von persönlichen Erfahrungen, aber auch von ethisch-sittlichen Normen und nicht zuletzt von Vorurteilen beeinflusst werden. Es dürfte wohl vornehmste Aufgabe des Politikers sein, zu versuchen, bei aller Ehrfurcht vor dem menschlichen Leben eine sachliche Diskussion bei einem derart emotionsgeladenen Thema anzustreben.

Grundsätzlich lassen sich im politischen Feld zwei Auffassungen feststellen. 1. Der Schwangerschaftsabbruch wird als schwerer Eingriff in unsere Rechtsordnung abgelehnt, ausgehend von der Annahme, dass dadurch schützenswertes Leben zerstört würde. 2. Oder er wird zugelassen, *bedingungslos* oder unter *gewissen Bedingungen*, ausgehend von der Annahme, dass wir zumindest über die Frage, wann menschliches Leben nicht nur biologisch, sondern existentiell beginnt, nicht Bescheid wissen. Vertritt man die zweite Ansicht, dann stellt sich die Frage nach den «gewissen Bedingungen». Es zeigen sich somit drei Möglichkeiten:

a) die totale Freigabe
b) die Fristenlösung
c) die Indikationenlösung

Die völlige Freigabe oder der bedingungslose Schwangerschaftsabbruch ist sowohl aus ethischen und juristischen wie aus medizinischen Gründen und im Interesse der Schwangeren heute kaum mehr diskutabel. Verbleiben «Fristenlösung» und «Indikationenlösung».

Die Fristenlösung

Für die *Fristenlösung* spricht, dass sie offenbar der *moralischsittlichen* und *weltanschaulichen Auffassung* weiter Bevölkerungskreise nicht widerspricht. Dort, wo sie dies tut, kann man sich darauf berufen, dass der Staat nicht unbedingt der Hüter sittlicher Normen sein muss. Allgemein nämlich wird anerkannt, dass «nicht alles, was unsittlich ist, vom Gesetzgeber mit Strafe bedroht werden darf oder soll» (Kriech [14]). Vom gesetzgeberischen Standpunkt aus mag die Fristenlösung als die einfachste Formulierung gelten. Sie bietet natürlich auch keine absolute Gewähr gegen eine Abwanderung in die Illegalität. Aber Missbräuche und soziale Ungerechtigkeiten sind eher zu vermeiden. Für die Frau selbst schliesslich bedeutet sie ein Recht auf eigene Entscheidung, das sie bis heute nicht hat. *Ge-*

gen die Fristenlösung sprechen aber gewichtige Argumente mindestens ebenso grosser Volkskreise. Zudem darf wohl verlangt werden, dass die Erhaltung ungeborenen menschlichen Lebens auch Aufgabe staatlicher Gesetze sein muss. Oder, wie wiederum Kriech sagt: «Das staatliche Gesetz wird auf jeden Fall jenes ethische Minimum sichern müssen, ohne das letzte sittliche Grundwerte in Frage gestellt wären.» Die Entscheidung nämlich, die im Falle der Fristenlösung einer Schwangeren überbürdet wird, betrifft nicht lediglich ihr eigenes Leben, sondern dasjenige eines Dritten, des werdenden Kindes. Der Staat hat letztlich doch die Pflicht, menschliches Leben zu schützen, sollen nicht die bereits anfänglich aufgeführten verfassungsrechtlichen und gesetzlichen Feststellungen lediglich belanglose Deklamationen sein. Über das Recht auf Leben hinaus, das die Gesellschaft dem Ungeborenen zuspricht, gibt es aber noch ein aktives Sozialinteresse derselben am Ungeborenen, wie es Hans Saner ausgeführt hat. Das heisst, dass auch aufgrund der Bedeutung des Ungeborenen für den Fortbestand der Gesellschaft selbst, das Schicksal desselben nicht bedingungslos der werdenden Mutter überantwortet werden darf. Dass diese Begründung gegebenenfalls, je nach Verschiebung der Geburtenrate eines Volkes, sowohl zu einer Liberalisierung wie zu einer Verschärfung der gesetzlichen Regelung führen kann, ist offensichtlich. Als Argument ist sie deshalb fragwürdig, aber sie entspricht der politischen Wirklichkeit. In einigen Oststaaten wurde die Liberalisierung des Schwangerschaftsabbruchs teilweise wieder rückgängig gemacht (wobei sie für unsere Begriffe immer noch ausserordentlich grosszügig sind). Den Massnahmen liegen aber ausnahmslos bevölkerungspolitische Motive zu Grunde. Die Erschwerung der Abtreibung wurde denn auch von nicht zu unterschätzenden Massnahmen begleitet: Kinderzulagen, Beförderungen, Bevorzugung bei der Wohnungszuteilung usw. Rumänien gibt offiziell zu, dass durch die Bevölkerungspolitik das Machtpotential gesteigert werden muss. Russland und Ungarn nennen wörtlich die Balance gegen die westliche Militärmacht [15].

Schliesslich gibt es auch aus medizinischer Sicht Einwände gegen die Fristenlösung. Es widerspricht im Grunde ärztlichem Denken und Handeln, Eingriffe – besonders wenn sie so tiefgreifender Natur sind wie der Schwangerschaftsabbruch – ohne zwingende Indikation durchzuführen. Ich bin mir bewusst, dass dieses Prinzip in unserer Zeit oft genug durchbrochen wird. Trotzdem scheint es mir ein wichtiges Prinzip zu sein, und die Medizin täte gut daran, sich vermehrt daran zu halten.

Die Gründe, welche gegen die Einführung einer Fristenlösung sprechen, sind also vielfacher Natur. Es scheint mir aber angezeigt, darauf hinzuweisen, dass ein Nein zur Fristenlösung uns nicht der Aufgabe entbindet, auf gesetzgeberischem Wege nach neuen Regelungen zu suchen. Dabei geht es im Grunde gar nicht um eine «Liberalisierung», sondern um die Beseitigung der heutigen bekannten Missstände. Es geht darum, eine Gesetzgebung zu realisieren, die soziale und regionale Ungerechtigkeiten aufhebt und letztlich der Schwangeren den unwürdigen Gang durch die Institutionen erspart, wenn ihre eigene Gesundheit durch die Austragung einer Schwangerschaft ernsthaft gefährdet ist.

In den Diskussionen um das Thema des straflosen Schwangerschaftsabbruchs werden zumeist die weltanschaulichen, juristischen, medizinischen und sozialen Aspekte nicht gesondert betrachtet. Eine sachgerechte Diskussion stösst schon deshalb auf grösste Schwierigkeiten, weil Argumente und Gegenargumente kaum mehr rational begründet werden, sondern unübersehbar von Emotionen gesteuert sind. Es gibt weltweit kaum ein vergleichbares Politikum, an welchem sich die Gemüter so heftig erhitzen, an welchem sich weltanschauliche Intoleranz so offensichtlich zeigt, wie in der Frage des Schwangerschaftsabbruchs. Man mag dies bedauern oder Verständnis dafür aufbringen. Auf der einen Seite werden die Vertreter einer kompromisslos strengen Haltung als hoffnungslos zurückgebliebene, mittelalterliche, sture Sittlichkeitsfanatiker betrachtet, die den Aufbruch des modernen Menschen, insbesondere die Emanzipation der Frau in unserer Zeit nicht erkannt haben. Auf der anderen Seite wird jenen, die für eine Verbesserung oder gar Liberalisierung der heutigen Gesetzgebung eintreten, jeglicher moralisch-sittliche Ernst abgesprochen, ja sogar eine leichtfertige Geringschätzung menschlichen Lebens unterstellt. Dass solche Haltungen, sofern sie unwidersprochen und stillschweigend geduldet werden, zu einer verhängnisvollen ethischen Kraftprobe in unserem Volke führen können, muss nicht erst betont werden.

Wir wissen jedoch heute zur Genüge, dass selbst im Bereich der weltanschaulich-ethischen Grundhaltung unserer Bevölkerung in der Frage des Schwangerschaftsabbruchs kein Konsens, keine Einheitlichkeit herrscht. Unbesehen von statistischen Erhebungen, deren Wert man unterschiedlich einschätzen und deren Ergebnisse man mit der gebotenen Vorsicht auswerten muss, darf angenommen werden, dass eine Legalisierung des Schwangerschaftsabbruchs von einem Grossteil des Volkes abgelehnt wird; dass für viele andere Menschen dagegen der Schwangerschaftsabbruch keine Gewissensnot erzeugt. Die Annahme, diese seien deshalb «gewissenlos», dürfte aber wohl eine ungerechtfertigte Unterschiebung sein. Wie die einzelne Frau im Moment, da diese Frage an sie herantritt, entscheidet, wird sie wohl unabhängig von jeglicher gesetzlichen Regelung letztlich vor ihrem eigenen Gewissen zu verantworten haben. Der Gesetzgeber könnte es sich leicht machen und tatsächlich die Entscheidung hinsichtlich Austragen oder Abtreiben der Leibesfrucht der Schwangeren selbst übertragen, wie denn auch die Forderung der Volksinitiative «für die Fristenlösung» in der Schweiz konkret lautet.

Zwischen den Argumenten pro und kontra Fristenlösung muss sich demnach der Bürger entscheiden. Für die einen ist sie das kleinere Übel, für die anderen aufgrund ihrer ethischen Auffassungen undiskutabel. Eines darf aber wohl festgehalten werden: Auch die Fristenlösung bedeutet keine Legitimation zur Abtreibung; sie schafft aber eine «staatsfreie Gewissenssphäre» (Kleiner). Auch wird durch die Fristenlösung keine einzige Frau in ihrem Gewissensentscheid präjudiziert. Sie kann nach wie vor den Abbruch einer Schwangerschaft ablehnen.

Die Indikationenlösung

Verbleibt die Indikationenlösung. Wir haben bereits die Grundsätze der schweizerischen Regelung kennengelernt, ebenso die teilweise abweichenden ausländischen Modelle. Bei der Beurteilung der heute noch gültigen Gesetzesbestimmungen müssen zwei Kriterien in Betracht gezogen werden: einmal die grundsätzliche Intention des Gesetzgebers und zweitens die praktischen Auswirkungen des Gesetzes. Ein Gesetz bedeutet zunächst eine Willenserklärung des Staates. Es stellt fest, was von Staates wegen zulässig ist und was nicht. Abweichungen vom Gesetz werden geahndet. Das Gesetz bestimmt aber auch dessen Zweck und Anwendungsbereich sowie die Ausnahmen. Darüber hinaus ist es Aufgabe des Gesetzgebers, Gesetze in jenem sozialpolitischen Rahmen zu erlassen, der es ermöglicht, dass ihm Folge geleistet werden kann. Mit anderen Worten: *das Gesetz ist so gut oder so schlecht, wie gut oder schlecht seine Intentionen sind und wie gut oder wie schlecht ihm Folge geleistet werden kann.* Die Indikationenlösung beruht auf dem Prinzip der Wertabwägung. Die Straflosigkeit des Schwangerschaftsabbruchs wird an die Bedingung geknüpft, dass dieser ausschliesslich zugunsten eines anderen zu schützenden Wertes vollzogen werde. Sofern dieser andere Wert die Gesundheit oder gar das Leben der Schwangeren darstellt, kann man vom *Prinzip der Notwehr* [16] ausgehen.

Für uns stellen sich in diesem Zusammenhang drei Fragen:

1. Wie verhält es sich bei der jetzt in Kraft stehenden Rechtslage hinsichtlich der Verwirklichung der gesetzgeberischen Intention und hinsichtlich der Praxis?
2. Ist eine strengere Gesetzgebung und bessere Kontrolle der Praxis anzustreben?
3. Ist eine «liberalere» Gesetzgebung und Praxis anzustreben, beziehungsweise eine «erweiterte Indikationenlösung»?

Der *jetzige Zustand* ist aus verschiedenen Gründen unbefriedigend. Wenn wir uns den Text der Strafrechtsbestimmung des Art. 120 StGB vor Augen halten, dann können wir uns zunächst lediglich mit zwei Punkten vorbehaltlos einverstanden erklären: mit der Forderung nach schriftlicher Zustimmung der Schwangeren, sowie mit jener, dass der Eingriff durch einen patentierten Arzt durchgeführt werde. *Als fragwürdig hat sich in der Praxis bereits die Gutachtertätigkeit erwiesen.* Die Wirklichkeit sieht ungefähr folgendermassen aus: Die Schwangere sucht den Frauenarzt auf. Dieser – sofern er im Prinzip bereit ist, einen Abbruch der Schwangerschaft vorzunehmen – schickt die Patientin zu einem Facharzt. In der Regel ist dies ein Psychiater, wobei die Patientin jedoch nicht die freie Wahl hat, sondern verpflichtet ist, einen vom Staat (Kanton) dafür speziell ermächtigten Gutachter aufzusuchen. Den Kantonen steht hingegen die Wahl dieser Gutachter völlig frei. Damit haben es die Kantone auch in der Hand, durch die Auswahl ihrer Gutachter eine strenge oder liberale Praxis zuzulassen. Dies führt zu erheblichen regionalen Unterschieden und Ungerechtigkeiten. Während es in den fünf Städtekantonen für eine Schwangere kaum Probleme gravierender Natur (auf die Ausnahmen wird noch zurückzukommen sein) gibt, ein Zeugnis zu erhalten, soll beispielsweise in den Kantonen Uri, Schwyz, Ob- und Nidwalden, Appenzell Innerrhoden und Wallis bisher kaum ein legaler, medizinisch indizierter Schwangerschaftsabbruch vorgenommen worden sein. Auch in den Kantonen Luzern, Zug und Freiburg dürfte die Zahl sehr niedrig sein. Dabei wird niemand im Ernst behaupten wollen, in den katholischen Landesgegenden gebe es weniger Indikationen als an anderen Orten. Das Strafgesetzbuch ist aber für die ganze Schweiz geschaffen. Weder in der liberalsten Auslegung des Art. 120, die in der Praxis einer (etwas kostspieligen) Fristenlösung gleichkommt, noch bei strenger Indikation wird der Wille des Gesetzgebers erfüllt. Schon die Formulierung einer «nicht anders» abwendbaren, grossen Gefahr «dauernden schweren Schadens» an der Gesundheit der Schwangeren hält heute einer Überprüfung nicht mehr stand. Darüber sollte man sich im klaren sein: solche Gefahren sind äusserst selten, und selbst ein zurückhaltender Gutachter (wie etwa eine staatliche Poliklinik) nimmt auf diese Formulierung kaum mehr Rücksicht. Hier ist die Praxis der Theorie längst vorausgeeilt. Ebenso werden immer häufiger jene Indikationen, die eigentlich vom Gesetzgeber ausgeklammert wurden, durch die psychiatrische Indikation wieder hereingenommen. So zum Beispiel die psychische Belastung einer Schwangeren, welche der Geburt eines körperlich oder geistig schwer geschädigten Kindes entgegensieht, die vergewaltigt oder sonstwie durch eine strafbare Handlung geschwängert wurde; in Basel-Stadt, Neuenburg, Genf und Zürich werden sogar sozialmedizinische Indikationen einbezogen, wenn beispielsweise eine Mutter durch die Betreuung ihrer bis dahin geborenen Kinder voll beansprucht wird oder wenn die Schwangere ihre berufliche Ausbildung abbrechen beziehungsweise ihren Beruf aufgeben muss.

In einigen Kantonen hat sich eine Zusammenarbeit zwischen Frauenarzt und legitimiertem Psychiater entwickelt. In der Praxis bedeutet dies, dass eine Schwangere kaum Gefahr läuft, ohne zustimmendes Gutachten zu ihrem Gynäkologen zurückkehren zu müssen. Der Gang ins nahe gelegene Ausland ist kaum notwendig. Der Art. 120 StGB kann somit nicht nur illegal umgangen, sondern völlig legal missbraucht werden. Eine solche Situation führt zu Rechtsungleichheit und damit eindeutig auch zur Abwertung staatlicher Gesetze in den Augen des Bürgers. Im «Januskopf des Fortschritts» (1976) habe ich bereits auf den katholischen Theologen E. W. Böckenförde aufmerksam gemacht, der in den vom katholischen Herder Verlag herausgegebenen «Stimmen der Zeit» (1971) feststellte, dass ein Gesetz, dessen soziale Geltungskraft so problematisch und gering ist, dass es laufend übertreten werden kann, dem Prinzip der Rechtsgeltung als solchem abträglich sein muss. «Gesetze, die nicht angewandt, zur sozialen Wirksamkeit gebracht werden, sind ein Schaden für die Rechtsordnung insgesamt ... Sie tragen über den konkreten Fall hinaus zum Abbau der Gesetzesloyalität der Bürger bei» [17]. Dass dieses Gesetz zudem einen negativen Sozialaspekt hat, indem die finanziell besser Situierten mehr Möglichkeiten für eine legale Interruptio graviditatis haben, liegt auf der Hand. Eine legale Abtreibung kostet in der Privatpraxis zwischen 800 und 1500 Franken (in einigen Fällen auch mehr); dazu kommen zwischen 300 und 500 Franken für den Gutachter. Die staatlichen Frauenkliniken (beispielsweise im Kanton Zürich) nehmen zudem nur Frauen zum Schwangerschaftsabbruch auf, die von der psychiatrischen Poliklinik (beziehungsweise von einer somatischen staatlichen Einrichtung) oder Klinik begutachtet wurden. Dies bedeutet für sozial schwächer gestellte Patientinnen, dass sie einer strengeren Kontrolle unterworfen werden als begüterte. Die Polikliniken haben allerdings ihre früheren rigiden Massstäbe unter dem Druck der öffentlichen Meinung in den letzten Jahren auch aufgegeben. Sie sind heute eher dazu bereit, auch sozialmedizinische und medizinisch-genetische Gründe für den Schwangerschaftsabbruch gelten zu lassen, wie sie schon bei Glaus [18] und Binder [19] einberechnet wurden. Die soziale Belastbarkeit kann sogar bei neurotischen Patientinnen für ein positives Gutachten ausschlaggebend sein. Nach einer Mitteilung des Leiters der psychiatrischen Universitätspoliklinik, Professor Hans Kind, wurden in den Jahren zwischen 1964 und 1972 im Durchschnitt 46% positive Gutachten ausgestellt; 1972 bis 1975 waren es im Mittel rund 69%. Ein anderer Vergleich: 1971 wurden insgesamt 272 Schwangerschaftsfälle von der psychiatrischen Poliklinik des Kantonsspitals Zürich beurteilt, davon 153 in positivem, 119 in negativem Sinne (bei letzteren sind auch jene mitenthalten, die von sich aus ihre Meinung änderten oder wegblieben). 1976 waren es insgesamt 284, wovon 241 positiv und 43 negativ.

Die beurteilenden Ärzte sehen offenbar selbst ein, dass mit einer rigorosen Gutachterpraxis das Problem des Schwangerschaftsabbruchs nicht gelöst werden kann, sofern man nicht zahllose Frauen in die Illegalität treiben will. Illegalität bedeutet aber Zunahme der Kriminalität, Zunahme der Gefährdung für Leib und Leben der Mutter, erhöhte und unlösbare Schwierigkeiten für Gerichte und Strafvollzugsbehörden. Es folgert daraus, dass die heute geltende Regelung in bezug auf den straflosen Schwangerschaftsabbruch nicht mehr zeitgemäss ist. Sie muss sowohl von den Vertretern einer strengeren Regelung wie von den Anhängern einer liberaleren Gesetzgebung gleichermassen abgelehnt und als revisionsbedürftig betrachtet werden.

Der Versuch, eine *strengere Gesetzgebung und Praxis* als bisher einzuführen, müsste von vergleichbaren Ansätzen in anderen Ländern ausgehen. Wie wir gesehen haben, gibt es aber nur sehr wenige Staaten, die eine restriktive Gesetzgebung kennen. Diesen billigen wir aber auch in anderem sozialen Rahmen keine nachahmenswerte Einstellung zu. Sie wären sowohl hinsichtlich Staatsauffassung noch bürgerlicher Freiheit kaum mit unserem Lande vergleichbar. Zudem hat sich auch dort erwiesen, dass mit einer strengen Gesetzgebung das Problem des Schwangerschaftsabbruchs nicht gelöst werden kann. In den anderen Staaten macht sich aber ein deutlicher Trend zu einer sinnvollen Lösung bemerkbar. Der Streit geht kaum mehr um «restriktive» oder «liberale» Auffassung, sondern eher um die Frage nach einer liberaleren Indikationenlösung versus Fristenlösung. Eine theoretische oder praktische Verschärfung der heutigen Regelung könnte kaum ernsthaft in Erwägung gezogen werden.

Im Bereich der *erweiterten Indikationenlösung* stehen heute verschiedene Modelle zur Diskussion. Dass neben der eigentlich medizinischen Indikation auch noch die juristische oder ethische sowie die eugenische Indikation anerkannt werden soll, stösst auf wenig Widerstand. Schwieriger dagegen wird es bei der Frage nach einer sozialen Indikation. Bisher sind aber alle Versuche, eine liberalere Gesetzesregelung hinsichtlich des Schwangerschaftsabbruches herbeizuführen, gescheitert. Eine Auflockerung der Fronten zeichnete sich nur vorübergehend ab. Inzwischen ist wiederum eher eine Verhärtung der Standpunkte eingetreten, die nicht nur auf sachliche Differenzen zurückgeführt werden kann, sondern wohl auch den mangelnden Willen dokumentiert, überhaupt zu einer Lösung zu kommen. Dass zudem vielen Parlamentariern das Thema «Schwangerschaftsabbruch» langsam zum Halse heraushängt und man zu dringlicheren Sachen übergehen möchte, ist einerseits verständlich, andererseits aber auch bedauerlich. Darin manifestiert sich nämlich einmal mehr die (allgemeinmenschliche)

Tendenz, unangenehmen Problemen möglichst dadurch aus dem Wege zu gehen, dass man sie schnell gelöst oder ungelöst ad acta legt. Unsere Zeit kann es sich aber nicht leisten, brisanten politischen Entscheidungen auszuweichen. Bedauerlich oder nicht: die Gesetzgebung kann an der Entwicklung der Menschheit und der Zivilisation nicht vorbeigehen. Sie muss sich heute mit Problemen befassen und Situationen in den Griff bekommen, die früher kaum Anlass zu gesetzgeberischer Tätigkeit lieferten.

Der Weg zu einer schweizerischen Gesetzgebung ist ein dornenvoller Weg – nicht nur in der Frage des Schwangerschaftsabbruchs. Eine erste Initiative (strafloser Schwangerschaftsabbruch bis zur Geburt), wurde im Jahre 1971 gestartet, 1975 zurückgezogen. Eine zweite Initiative (Fristenlösung) wurde 1975 eingereicht. Sie wird vermutlich ohne Empfehlung des Parlaments dem Volk vorgelegt werden, wobei sowohl das Stimmenmehr wie das Ständemehr für eine Annahme erforderlich sind. Da die heutige Regelung unbefriedigend ist, wurde schon auf Grund der ersten Initiative das Gesetzgebungsverfahren in Gang gesetzt. Am 6. März 1975 kam es im Nationalrat zu einem Nullentscheid. Das heisst: mit 90 zu 82 Stimmen (bei 15 Enthaltungen) wurde Nichteintreten beschlossen. Der Ständerat beschloss am 18. Juni 1975, sich auf die sozial-medizinische Indikation zu beschränken. Am 2. Oktober 1975 schloss sich der Nationalrat der vom Bundesrat vorgeschlagenen Lösung mit juristischer, eugenischer, medizinischer und sozialer Indikation an. Im Dezember 1976 scheiterte aber im Ständerat sogar ein Kompromiss (Weglassung der sozialen Indikation), so dass der Nationalrat einmal mehr in einer nächsten Session über das Gesetz beraten muss.

Es ist jedenfalls zu vermuten, dass eine allen genehme Regelung nicht gefunden werden kann, solange man um einzelne und verselbständigte Indikationen kämpft. So hat bereits die soziale Indikation eine starke Gegnerschaft und wird mit aller Garantie in konservativen Kreisen nicht akzeptiert. Allgemein ist man doch der Ansicht, dass sich eine selbständige «soziale Indikation» in einem Staate, der sozial sein will, schlecht macht. Dabei wird leider «sozial» ausschliesslich mit «finanziell» gleichgesetzt. Für eine soziale Indikation käme allenfalls eine Schwangere in Betracht, die in sehr schlechten wirtschaftlichen Verhältnissen lebt, ihren Beruf nicht weiter ausüben könnte usw. «Sozial» hat aber einen viel weitergehenden Bedeutungsgehalt. Es meint im Grunde alles das, was wir unter Lebensqualität verstehen. In einem Vorschlag war denn auch von den «zu erwartenden Lebensverhältnissen» die Rede, wozu auch eine soziale Notlage gehören kann. Ebenso ernste Bedenken werden gegenüber einer Verselbständigung der eugenischen Indikation vorgebracht. (Man würde im übrigen sinnvoller von einer «genetischen» Indikation sprechen.)

Bekanntlich ist die genetische Indikation zumeist mit einem erheblichen Unsicherheitsfaktor verbunden, das heisst, die Wahrscheinlichkeit der Geburt eines körperlich oder geistig schwer geschädigten Kindes lässt sich je nach dem persönlichen Standpunkt eines Gutachters höher oder weniger hoch einschätzen. Die wissenschaftlich allgemein anerkannten Fälle (wie beispielsweise die Röteln) sind zahlenmässig gering. Allerdings sind in den letzten Jahren in zunehmendem Masse Missbildungen aufgetreten, die auf Medikamente (Contergan) oder Giftstoffe (Seveso) zurückzuführen waren. Von Gegnern der genetischen Indikation wird immer wieder darauf aufmerksam gemacht, eine solche Lösung wecke unangenehme Erinnerungen an eine Zeit – und wiederhole diese –, da lebenswertes von lebensunwertem Leben geschieden wurde. Der Vergleich ist aber sicher nicht stichhaltig. Es geht hier nicht darum, missgebildete Kinder, die in die Welt gesetzt wurden und für die Angehörigen eine sinnvolle Aufgabe bedeuten, zu töten. Es fragt sich jedoch, ob man einem solchen Kind wirklich einen Dienst erweist, wenn man es in die Welt setzt. Ganz abgesehen davon, dass es jeder Schwangeren bei jedwelcher gesetzlichen Regelung immer noch freisteht, auch ein missgebildetes und geschädigtes Kind zu gebären. Dies war bekanntlich bei der zum Vergleich herbeigezogenen Tötung «lebensunwerten» Lebens nicht der Fall. Wer es nicht ertragen kann, ein voraussichtlich schwer geschädigtes Kind ins Leben zu setzen, handelt wohl nicht aus verwerflichen Motiven. Für die Mutter ist nicht dieses Leben lebensunwert, vielmehr will sie diesem Wesen ein «unmenschliches» Dasein ersparen. Wie viele von uns Gesunden würden wohl wünschen, nie geboren zu sein, fehlten uns Arme und Beine? In England wurden vor einiger Zeit 2000 Menschen, die ihr Leben als «missgebildete Kinder» antreten mussten, befragt. Ein grosser Teil dieser nun 20jährigen beklagten sich bitter darüber, dass man sie am Leben gelassen habe [20]. Nicht nur die soziale und genetische, auch die juristische Indikation wirft Fragen auf. Eigenartigerweise ist diese die am wenigsten umstrittene nichtmedizinische Indikation. Dies wohl deshalb, weil eine «Vergewaltigung», beziehungsweise die damit verbundene Abwehr einer sexuellen Vereinigung, einen besonderen moralischen Stellenwert besitzt. Im Falle einer Vergewaltigung gelingt die Identifikation mit dem Opfer (hier also mit der Schwangeren) offenbar besonders gut. Indem man sich gegen die Vergewaltigung wendet, lehnt man auch die Sexualität in einem sozial gebilligten Rahmen ab. Da wird sogar das unantastbare Leben des Nasciturus relativiert. Nun ist aber gerade die iuristische Indikation die wohl fragwürdigste. Zweifellos kann die Schwängerung durch einen ungeliebten Mann (es braucht nicht einmal eine Vergewaltigung vorzuliegen) eine schwere psychische Belastung für die werdende Mutter darstellen. Eine Vergewaltigung muss aber doch nachgewiesen, zumindest glaubhaft gemacht werden, soll sie nicht wahllos als Alibi dienen. Die Notzucht ist jedoch in der Praxis eines derjenigen Delikte, die am häufigsten mit einiger Aussicht auf Erfolg bestritten werden. Der nationalrätliche Entwurf sieht kantonale Amtsstellen vor, bei denen eine Vergewaltigung oder ein ähnliches Verbrechen «hinreichend glaubwürdig gemacht werden muss» [21]. Auch hier wiederum ist der Willkür der Aussage, aber auch jener der Entgegennahme von Beweisen Tür und Tor geöffnet. Wie es im übrigen mit den Inzestfällen steht, wurde bisher in keiner Indikationenlösungsdiskussion erörtert.

Allen Versuchen, aufgrund einer Festlegung von Indikationen das Schwangerschaftsabbruchproblem lösen zu wollen, haften grosse Mängel an. Einmal wird man sich um Indikationen streiten, wobei letztlich niemand so genau sagen kann, welche sich nun zwingend aufdrängen. Für jede einzelne Indikation gibt es befürwortende und ablehnende Argumente. Zudem widerstrebt es dem ganzheitlichen ärztlichen Denken, ein solches punktuelles Verfahren einzuführen. Nur die Gesamtbetrachtung der psychosozialen und medizinischen Situation einer Schwangeren und ihres Kindes kann zu einer glaubwürdigen und verantwortbaren Indikation führen. Zudem aber sind Indikationenlösungen auch aus praktischen Gründen abzulehnen. Jede einzelne Indikation ruft wiederum nach einem Entscheidungsgremium. Fürderhin sollen also nicht mehr nur Ärzte und Psychiater, sondern auch Genetiker, Sozialhelfer, Juristen mitentscheiden, ob eine Frau die Schwangerschaft abbrechen darf oder nicht. Dies bedeutet nicht eine Vereinfachung der heutigen Regelung, sondern eine Erschwerung. Der heutige Gang durch die Institutionen würde noch zeitraubender und komplizierter, die Gewähr der Diskretion würde weitgehend dahinfallen (was wiederum der Illegalität Vorschub leistet), die Verschiedenheit der regionalen Auslegungen nicht aufgehoben, sondern womöglich verstärkt.

Die Fristenlösung lehnen wir aus grundsätzlichen Überlegungen ab. Die bisherige allein massgebende medizinische Indikation ist nicht mehr zeitgemäss und hat sich in der Praxis nicht bewährt. Die vorgeschlagenen Indikationenlösungen versprechen zwar eine Liberalisierung, vermögen aber kaum einen Konsens des Gesetzgebers zu erreichen und schaffen vor allem die wesentliche Crux unserer bestehenden Gesetzgebung nicht aus der Welt: die Einschaltung und Entscheidung von dritter Seite.

Das Gutachten

Das Übel an der heutigen Regelung – die gesetzgeberisch, wie mir scheint, immer noch die zur Zeit bestmögliche Lösung darstellt – liegt an mehreren Orten. Einen davon habe ich bereits genannt. Die Einheit des Strafrechtes, für welche das Schweizervolk sowohl 1898 durch die Annahme eines entsprechenden

Kompetenzartikels der Bundesverfassung als auch 1938 durch die Zustimmung zum Strafgesetzbuch votiert hat, ist nicht gewährleistet. Einige Kantone widersetzen sich offensichtlich der Intention des Gesetzgebers, so dass Schwangere entweder in andere Kantone oder sogar ins Ausland reisen müssen, um einen (möglicherweise gerechtfertigten) Schwangerschaftsabbruch erreichen zu können. Zweitens ist es ein Gesetz, das legal umgangen werden kann, indem bei genügender Intelligenz und genügend vorhandenem Geld auch in der Schweiz jederzeit ein «positives» Gutachten erhältlich ist. Dadurch aber bereits wird dieses Gesetz, zumindest bei breiten Volksschichten, als unsoziales Klassengesetz empfunden; ein Vorwurf, der nicht ganz von der Hand zu weisen ist. Letztlich ist es für die meisten Frauen entwürdigend, den Gang zum Psychiater antreten zu müssen. Wer Einblick in die diesbezügliche Praxis hat, weiss, dass sie nicht schön ist. Zumeist handelt es sich beim Psychiater, in Gegensatz etwa zum Frauenarzt, den die Patientin bereits kennt, um einen Fremden, dem sie sich voll anvertrauen soll. Dieser Fremde ist aber nicht etwa lediglich ein Berater, er hat auch Macht. Von ihm hängt es ab, ob sie ein zustimmendes Gutachten erhält oder ein Njet. Die Schwangere ist ihm ausgeliefert. Der Psychiater selbst fühlt sich in seiner Rolle auch nicht wohl. Gewiss, er arbeitet, wie jeder andere Arzt, für ein Honorar. Dafür behandelt und betreut er Patienten. Hier erhält er aber sein Honorar für eine Entscheidung. Diese wird ihm nicht leicht gemacht. Er ist zumeist auf die Aussagen der Schwangeren angewiesen, hat nur selten die Möglichkeit, Auskunftspersonen einzuvernehmen, etwa den Schwängerer. Er kann kaum die Glaubwürdigkeit der Patientin überprüfen. So wird er weitgehend eben willkürlich entscheiden.

Es scheint mir eindeutig, dass hier die Psychiatrie überfordert und missbraucht wird. Wenn das so weiter geht, wird der Psychiater der Zukunft nur noch Schwangerschafts- und Euthanasiegutachten erstellen, Bürger entmündigen und Kriminelle unzurechnungsfähig erklären. Einer solchen Psychiatrisierung der Gesellschaft muss wohl rechtzeitig ein Riegel geschoben werden.

Eine sinnvolle Regelung des an sich unlösbaren Problems des Schwangerschaftsabbruches hat demnach drei Grundsätze zu beachten. Erstens das Prinzip der Wertabwägung, zweitens die Gleichheit der Gesetzesanwendung in allen Kantonen (Einheit der strafrechtlichen Bedingungen) und drittens die Möglichkeit der praktischen Durchführung des Gesetzes. Der Grundsatz der Wertabwägung ist dadurch gegeben, dass ein strafloser Schwangerschaftsabbruch nur dann möglich sein soll, wenn der Wert werdenden menschlichen Lebens dem Rechtsgut gewordenen menschlichen Lebens entgegensteht. Man darf nicht nur vom Schutz des ungeborenen Menschen sprechen, sondern auch vom *Schutz der werdenden Mutter gegenüber dem Keimling.* Wo demzufolge eine ernsthafte Gefährdung der Gesundheit (nicht nur des Lebens) der Schwangeren durch die Schwangerschaft anzunehmen ist, sollte ihr die Möglichkeit des straffreien Abbruchs gesetzlich zugesprochen werden. Jede andere Lösung entspricht nicht den wirklichen Gegebenheiten. Dies geben selbst die Gegner jeder «liberalen» Lösung zu, wenn es einmal um Leben und Gesundheit ihrer eigenen Frauen und Töchter geht. Darüber wüssten manche Ärzte einiges zu sagen, wären sie nicht an das ärztliche Geheimnis gebunden! Unter Gesundheit verstehe ich aber nicht einfach das physische und psychische Fehlen von schwerer Krankheit, sondern in umfassenderem Sinne den bestmöglichen Vollzug aller tragenden Grundsätze des Daseins. Darin eingeschlossen sind auch sozialpsychologische, ethische und medizinische Verhaltensmöglichkeiten, in Einzelfällen möglicherweise die ganze Skala der zuvor als selbständige «Indikationen» als unbrauchbar charakterisierten Situationen. Es ist leicht ersichtlich, dass ein solcher Krankheitsbegriff nicht mehr dem naturwissenschaftlichen Defekt-Denken entspricht. Auf den ersten Blick mag er auch allzu weit gefasst sein. Meines Erachtens ist er aber nicht weniger klar formuliert als jener, der im Gesetz vorgesehen ist. Eine juristisch einwandfrei normierte Definition der Krankheit ist ohnehin nicht möglich. Wozu also überhaupt dies versuchen? Wenn die Ärzte schon, geschult durch exakt-naturwissenschaftliches Denken, im Einzelfall zu keinem diagnostischen und prognostischen Konsens gelangen können, so scheint mir die daseinsgemässe Begriffsbildung zumindest menschengerechter zu sein.

Aus dieser Sicht entheben wir uns auch der undankbaren Aufgabe, ohnehin fragwürdige Indikationslisten aufzustellen, über medizinische, soziale, eugenische und ethische Indikationen zu mutmassen. Zur daseinsgemässen Gesundheit gehört nämlich ausser der Willens- und Entscheidungsfreiheit auch die Wahrung der Persönlichkeitsrechte, der sozialen Situation, der Würde der Frau. Da das Mit-Sein als existentieller Grundzug des Menschen auch in seinem Vollzug zum *Mutter-Sein* gehört, ist die Verantwortung gegenüber dem keimenden Leben mitenthalten. Es geht somit um die Frage, in welchem Ausmass eine Schwangere zu Recht befürchten muss, durch das Austragen der Schwangerschaft in ihrer Gesundheit, als Freiheit und Mit-Sein verstanden, gefährdet zu sein. Das Mit-Sein bezieht sich aber nicht nur auf das ungeborene, noch unentbundene Kind. Es meint natürlich auch das spätere Verhältnis der Mutter zum Kind, die Liebe und Erziehungswirklichkeit.

Die Motivationslösung

Eine solche Lösung kann man kaum mehr als eigentliche Indikationslösung bezeichnen. Indicare heisst: darauf hinweisen. Unter Indikation verstehen wir in der Medizin einen strengen und eindeutigen Hinweis, dass eine bestimmte Therapie angewendet werden muss. Im Bereich des Schwangerschaftsabbruches gibt es kaum eine generelle «Indikation» in diesem Sinne. Hingegen wird im Einzelfall die Situation eine Schwangere und deren Arzt dazu «motivieren» können, einen Abbruch vorzunehmen. Diese Motivation kann durchaus ernsthafter und bedenkenswerter Natur sein. Jedenfalls ist es ehrlicher, zu sagen, man sei für dieses oder jenes motiviert gewesen, man habe nach Abwägung aller Gründe sich für dieses oder jenes entschieden, als dass man mit allen Mitteln versucht, eine Indikation aufzustellen, nur um dem Gesetz zu genügen.

162

Dadurch dass der Gesetzgeber festhält, ein Schwangerschaftsabbruch dürfe nur bei ernsthafter Gefahr für Leben und Gesundheit der Mutter straflos vorgenommen werden, hat er seine Intention unmissverständlich kundgetan. Dass im Einzelfall die Feststellung einer «ernsten Gefahr» weitgehend im Ermessen der Schwangeren selbst und ihres Arztes liegt, ist nicht zu umgehen. Bisher gibt es keine absolut einwandfreien und wissenschaftlich gesicherten Indikatoren dafür. Daran ändert auch das fachärztliche Gutachten nichts.

Damit sind wir beim zweiten Punkt angelangt. Eines der Hauptübel der heutigen Regelung ist wohl jener Absatz des Art. 120 StGB, wonach es des Gutachtens eines zweiten patentierten Arztes bedarf. De facto kann jeder patentierte Arzt, also auch ein Allgemeinpraktiker oder selbst ein Psychiater, den Eingriff durchführen. Er wird offenbar nicht als gefährlich taxiert und setzt keine gynäkologischen Spezialkenntnisse voraus.

Zumeist wird er auch in der ambulanten Praxis durchgeführt, ohne dass klinische Überwachungsmassnahmen angezeigt sind. Der vom jeweiligen Kanton bestimmte Gutachter dagegen ist ein Facharzt, sofern diese Aufgabe nicht einfach dem Kantonsarzt übertragen ist. Jedenfalls kann der Eingriff von einem beliebigen und von der Schwangeren selbst gewählten Arzt vorgenommen werden, den Entscheid, ob der Eingriff zugelassen wird oder nicht, trifft der Staat durch seinen von ihm gewählten fachärztlichen Stellvertreter.

Dies bedeutet, dass die Schwangere ihre «Lebensbeichte», ihre innersten Geheimnisse, Ängste, Hoffnungen und Wünsche, die Intimseite ihres Lebens, das Verhältnis zu ihren Eltern und anderen lebenswichtigen Bezugspersonen, die ehelichen und ausserehelichen Verhältnisse vor einem ihr unbekannten, das Recht und den Staat vertretenden Arzt ausbreiten muss; dass von ihrer Aussage alles abhängt – wie bei einem Gerichtsverfahren. Sie weiss auch, dass sie das Honorar bereit zu haben hat, dass die Zeit drängt. Sie, die möglicherweise schon lange mit ihrem Entschluss gerungen hat und zur Einsicht gekommen ist, dass es aus ihrer Notlage keinen anderen

Ausweg als die Interruptio gibt, findet in der Vielzahl der Fälle nicht einen gütigen beratenden Beistand vor, sondern einen Fragesteller. Gewiss gibt es andere Begutachter, sie dürften aber die Ausnahme bilden.

Man wird den Einwand hören, ein spezialärztlicher Gutachter biete mehr Gewähr, dass die Intentionen des Gesetzgebers gewahrt würden. Zwei Ärzte böten ferner mehr Gewissheit der Verantwortung. Wichtige Entscheidungen sollten nicht von einem einzelnen Arzt getroffen werden. Ein neutraler Gutachter sei unabhängiger in seinem Urteil als ein Arzt, der möglicherweise die Patientin schon längere Zeit in Behandlung habe. Im übrigen gelte es gerade als Grundprinzip in der Psychiatrie, dass Menschen in seelischer Not lieber einen unbekannten Arzt ins Vertrauen zögen – daher auch der Grundsatz, dass ein Psychiater mit seinen Patienten keinen gesellschaftlichen Umgang pflegen sollte.

So einleuchtend diese Gegenargumente auf den ersten Blick hin scheinen mögen, so leicht sind sie zu entkräften. Es ist zum ersten nicht einzusehen, weshalb ein Psychiater mehr Gewähr für die Einhaltung eines Gesetzes bieten sollte als ein Frauenarzt. Das Misstrauen gegenüber den Gynäkologen ist in keiner Weise gerechtfertigt, jedenfalls nicht in grösserem Masse als gegenüber den Psychiatern. Dazu kommt die Tatsache, dass ein Gremium von Ärzten, das im vorliegenden Falle aus zwei besteht, keineswegs als Garantie für höhere Verantwortlichkeit betrachtet werden darf. Ganz das Gegenteil ist der Fall. Entscheidend ist einzig und allein der Gutachter. Der Frauenarzt fühlt sich in den meisten Fällen der Verantwortung völlig enthoben. Andererseits kann sich aber auch der Gutachter darauf berufen, dass ja nicht er den Eingriff vornimmt und dass letztlich die Entscheidung doch beim Operateur liegt. Ich kenne Kliniken, in denen den Assistenzärzten empfohlen wird, die psychiatrischen Gutachten nicht zu lesen, da sie lediglich als «Werkzeug des Psychiaters» handelten. Ich kenne andererseits Psychiater, die jegliche Verantwortung ablehnen, mit dem Hinweis darauf, sie hätten lediglich festzustellen, ob die Voraussetzungen von Art. 120 StGB erfüllt seien; die Indikation zum

Eingriff müsse aber vom Frauenarzt festgelegt werden. Und schliesslich ist es ein Unterschied, ob ein Mensch wegen persönlicher Schwierigkeiten einen Psychiater seiner Wahl aufsucht oder in einer Sache, in welcher der Frauenarzt eine zentrale Rolle zu übernehmen hat, zu einem vom Staat bestimmten Psychiater muss.

Im übrigen geht es bei der Abklärung der Schwangerschaftserstehungsfähigkeit nicht darum, eine eigentliche Psychoanalyse durchzuführen. Der Arzt hat die vorliegende Konfliktsituation zu ergründen, ein oder mehrere Gespräche mit der Patientin, eventuell mit dem Schwängerer zu führen und all das abzuklären, was heute zu einer umfassenden Diagnosestellung auch dem Allgemeinpraktiker und nichtpsychiatrischen Spezialisten zugemutet wird. Das eingehende, verstehende ärztliche Gespräch gehört zum Rüstzeug jedes Arztes, auch in unserer Drei-Minuten-Medizin. Man sollte nicht mit dem Argument kommen, der Frauenarzt habe keine Zeit, die Gründe für einen eventuellen Schwangerschaftsabbruch selbst zu eruieren. Er muss diese Zeit aufbringen, oder er soll auch keine Interruptio durchführen. Für alle anderen Operationen haben Chirurgen und Gynäkologen immer die Zeit, die sie dazu brauchen. Warum nicht auch hier? Zudem bin ich überzeugt, dass die Tatsache, dass der ausführende Arzt auch die Entscheidung für seinen Eingriff selbst tragen muss, den Sinn für Verantwortung eher hebt. Es geht ja zumeist nicht um die Abklärung schwieriger psychiatrischer Diagnosen, sondern um allgemein menschliche Probleme. Für diese sollte es wahrhaftig keiner spezialärztlichen Ausbildung bedürfen. Ganz abgesehen davon, dass es natürlich jedem Arzt freisteht, einen Konsiliarius beizuziehen, der entweder ihn oder die Patientin *berät*. Eine Entscheidungsfunktion sollte jedoch ein Berater nie haben, sonst wird er unglaubwürdig. Solche konsiliarischen Beratungen finden heute schon in der Medizin täglich statt.

Man wird einwerfen, dieses von mir hier aufgezeichnete Modell entspreche in der Praxis der Fristenlösung. Dieser Vorwurf ist einerseits verständlich, andererseits aber unberechtigt. Was wollen wir denn eigentlich? Wir haben ein Gesetz, das als Formulierung die Intention des Gesetzgebers recht deutlich wiedergibt, in der Praxis aber versagt. Am Gesetzesinhalt wird durch meinen Vorschlag praktisch kaum etwas geändert. Die Intention des Gesetzgebers bleibt gewahrt. Formal hingegen sollen jene Faktoren ausgemerzt werden, welche in der Praxis dieses Gesetz zu einer ungerechten, missbräuchlichen und unsozialen Regelung werden lassen. Die Aufhebung der Ungerechtigkeit wird vor allem durch die Wiederherstellung der Einheit des Strafgesetzbuches und die Aufhebung der entscheidenden, von den Kantonen bestellten Zweitinstanzen (Gutachter) erreicht. Die Aufhebung der unsozialen Begleiterscheinungen wird erreicht, einmal durch die Ausschaltung der Begutachtertätigkeit, dann aber auch durch eine Festlegung der Honoraransprüche für diesen Eingriff. Letztlich geht es aber darum, die Diskriminierung jener Frauen aufzuheben, die in schwerer Notlage sich für diesen schweren Eingriff entscheiden. Dem Arzte, der einen Schwangerschaftsabbruch vollzieht, soll gleichzeitig die volle Verantwortung dafür zugesprochen werden. Dies ist der Normalfall in der Medizin.

Die einfachste und zugleich genügende Formulierung des Art. 120 StGB dürfte immer noch jene sein, die bereits 1927 von der Verbindung der Schweizer Ärzte und der Schweizerischen Gesellschaft für Gynäkologie vorgeschlagen wurde: «Die vom Inhaber eines eidgenössischen Arztdiploms nach den anerkannten Grundsätzen der medizinischen Wissenschaft und nach den geltenden Regeln der ärztlichen Kunst zur Abwendung einer erheblichen Gefahr für Leben und Gesundheit der Schwangeren vorgenommene vorzeitige Schwangerschaftsunterbrechung ist straflos, wenn sie mit der schriftlichen Einwilligung der Schwangeren beziehungsweise ihres gesetzlichen Vertreters geschieht.» In dieser Formulierung fehlt allerdings die Angabe einer Frist. Aufgrund dessen, was wir heute über die Entwicklung des Menschen wissen, würde ich aber meinen, dass die Frist von drei Monaten nicht überschritten werden sollte, sofern nicht eine vitale Indikation vorliegt. Auch über die Frage des «gesetzlichen Vertreters» kann man sich streiten. Ich würde damit meinen Vorschlag etwa so formulieren (wobei ich offenlassen muss, ob im Laufe der Diskussionen noch Veränderungen oder Verbesserungen anzufügen sind):

Der Abbruch einer Schwangerschaft ist bis zum dritten Schwangerschaftsmonat straffrei, wenn er mit schriftlicher Zustimmung der Schwangeren von einem patentierten Arzt durchgeführt wird, um eine ernsthafte Gefahr für Leben und Gesundheit der Schwangeren abzuwenden.

Der Begriff «ernsthafte Gefahr für Leben und Gesundheit» braucht nicht weiter definiert zu werden. Es bleibt, nicht nur in der Frage des Schwangerschaftsabbruchs, immer im Ermessen des Arztes. Der Einbau «nach den anerkannten Grundsätzen der medizinischen Wissenschaft und nach den geltenden Regeln der ärztlichen Kunst» ist unnötig, weil selbstverständlich vom Arzt in jedem Fall erwartet. Ebenso unnötig ist der vom Bundesrat vorgeschlagene Passus «unter klinischen Verhältnissen». Diese sind heute schon nicht mehr notwendig und werden es in Zukunft noch weniger sein.

Dass mein Vorschlag nicht allzu abwegig ist, beweisen bereits die Verhandlungen in der ständerätlichen Kommission, die ja als besonders konservativ bekannt ist. Ständerat Dr. Gion Clau Vincenz schrieb denn auch im katholischen «Bündner Tagblatt» [22]: «Eine Differenz zur nationalrätlichen Lösung besteht noch bezüglich der Einholung eines oder mehrerer ärztlichen Gutachten vor der Vornahme eines allfälligen Eingriffes. Grundsätzlich soll der Vertrauensarzt zusammen mit der schwangeren Frau entscheiden, inwieweit weitere Personen beigezogen werden sollen. Damit verfolgt die Vorberatungskommission das Ziel, den Kreis der ins Vertrauen gezogenen Personen möglichst klein zu halten.» Das heisst deutlich genug, dass am Entscheidungsprozess grundsätzlich und von Gesetzes wegen nur noch zwei Personen beteiligt sein sollen, der Arzt und seine Patientin, auch wenn ihnen selbstverständlich die Möglichkeit (nicht die Verpflichtung) offenbleibt, Drittpersonen (nach ihrer Wahl) beizuziehen.

Mit aller Deutlichkeit möchte ich nochmals darauf hinweisen, dass dieser Vorschlag nicht im Sinne einer einfachen Liberalisierung gedacht ist, sondern im Sinne einer sachgerechten

Lösung. Bei der Fristenlösung muss kein Grund für eine Interruptio graviditatis vorliegen. Bei der Indikationenlösung werden selbständige Gründe unabhängig von der Einzelsituation festgelegt; sie hat dazu den Nachteil der Entscheidungsgremien und deren Willkür. Die vorgeschlagene «Motivationslösung» darf als ein Kompromiss betrachtet werden, der an der grundsätzlichen Schutzwürdigkeit werdenden Lebens festhält, andererseits auch die physische und psychische Notlage der Schwangeren berücksichtigt, zudem regionale und soziale Missstände mehr als bisher ausschaltet. Gegen Missbrauch und Umgehung eines Gesetzes ist keine Gesetzgebung gefeit. Aus diesem Grunde kann auch an ein solches Gesetz nicht der Anspruch auf Perfektionismus gestellt werden. Ethisch darf dieses Gesetz aber vor allem deshalb genannt werden, weil es den Menschen wiederum auf sein eigenes Gewissen verweist. Dagegen kommen auch jene Argumente nicht an, die darauf hinweisen, das Gewissen des Menschen sei eben nicht zuverlässig.

Ein Gewissen kann gar nie zuverlässig werden, wenn ihm nicht die Möglichkeit geboten wird, sich zu entfalten. Die Gewissenlosigkeit blüht auf dem Boden der Unmündigkeit, der Unselbständigkeit, des Verhaftetseins an Normen und Gesetze, die ja die Entscheidung dem Einzelnen abnehmen. Es ist doch an der Zeit, das Gewissen des Einzelnen auch dem Staat gegenüber wieder zu mobilisieren. Dies würde insbesondere einem liberalen Staat gut anstehen, der die Glaubens- und Gewissensfreiheit dem Bürger verfassungsmässig garantiert.

Anmerkungen

1 Das Schweizerische Zivilgesetzbuch, 9. Aufl., 1975, S. 90.
2 Die Angaben über die westeuropäischen Staaten entnahm ich einem Bericht von Rolf Weber, «Der Bund», 8. Dezember 1976, Nr. 288.
3 «Tages-Anzeiger», 29. Dezember 1976, Nr. 304.
4 P. Tarnesby: Ungewollte Schwangerschaft. Kindler, München 1976.
5 G. Condrau: Der Januskopf des Fortschritts, Benteli, Bern 1976, S. 169.
6 J. Moltmann: cf. Condrau: Der Januskopf des Fortschritts. S. 174.
7 F. Böckle: Die Schutzpflicht gegenüber dem ungeborenen Menschen. Moraltheologische Überlegungen zum Schwangerschaftsabbruch. In: Schwangerschaftsunterbrechung: Suhrkamp TB, Frankfurt/M. 1974, S. 179–205.
8 Euthanasie, Hrsg. Holzhey/Saner, Schwabe, Basel, Stuttgart 1976, S. 97 und S. 114.
9 Bull. Eidg. Gesundheitsamt, Nr. 23, 1954.
10 Bevölkerungsbewegung in der Schweiz 1949–1956/57. Statistische Quellenwerke der Schweiz, Bern 1959, Heft 275, S. 45.
11 Straflose Schwangerschaftsunterbrechung – Warum? Sinwell-Verlag, Bern 1972, S. 80.
12 a. a. O. S. 44.
13 Hexagon-Roche, 4, 1976, Heft 8, S. 3.
14 Intermed, Juni 1974, Nr. 18, S. 11.
15 Schriftl. Mitteilung von Prof. H. Stamm, Baden, vom 28. Juni 1976.
16 Der Jurist W. Kuster bezweifelt allerdings, ob im Falle einer Gefahr für das Leben der Mutter wirklich eine Notwehr besteht. In einem Artikel in der Schweizerischen Ärztezeitung (vom 19. Januar 1977) schreibt er: «Auch beim Kind im Mutterschoss stellt sich die Frage der Notwehr und des Notstandes. Es steht fest, dass in gewissen Fällen das Leben der Mutter nur erhalten werden kann, wenn die Leibesfrucht beseitigt wird. Dieser Umstand vermag aber keine Berufung auf Notwehr zu rechtfertigen. Denn Embryo oder Fetus sind keine ungerechten Angreifer, sondern an der Bedrohung der Mutter völlig unschuldig.»
17 Stimmen der Zeit, Herder, Freiburg i. Br., 188, 1971, S. 153/154.
18 Glaus, A.: Über Schwangerschaftsunterbrechungen und deren Verhütung. Bern, Huber, 1962.
19 Binder, H.: Die psychiatrische Abortindikation. Schw. Med. Wschr. Bd. 73, 1943, S. 489–494.
20 «Zürichsee-Zeitung», 20. Januar 1977, Nr. 16.
21 Die Vor- und Nachteile einer gesetzlichen Regelung des Schwangerschaftsabbruchs auf der Basis des Indikationensystems. Stellungnahme einer Kommission der Basler Jungfreisinnigen vom Oktober 1976.
22 «Bündner Tagblatt», 27. November 1976, Nr. 278.

Diskussion zum Tagungsthema

Leitung: Gion Condrau
Teilnehmer: M. Boss, A. Faller, A. Hicklin,
E. Kuhn-Schnyder, N. Luyten, H. Saner,
D. v. Uslar

Condrau: Wir haben an dieser Tagung ein Problem, «Das Werden des Menschen», miteinander besprochen, und zwar von zwei Gesichtspunkten aus, wobei wir feststellten, dass dieselben gar nicht voneinander trennbar sind. Ontogenese und Phylogenese sind nicht zwei wissenschaftliche Auffassungen, die nebeneinander hergehen und keine Beziehung miteinander haben. Möglicherweise ist die Ontogenese nicht einmal verständlich, wenn man sich nicht auch Gedanken über die Phylogenese des Menschen macht. Beides setzt nämlich immer auch ein Verstehen des Seins des Menschen voraus. Ohne zu wissen, worüber wir sprechen, und ohne uns die Frage zu stellen, wer der Mensch eigentlich *ist* und was ihn zum Menschen als Dasein erst eigentlich macht, können wir die Frage auch nicht beantworten, wie er *geworden* ist.

Wir werden uns jedoch zunächst der Frage des gestrigen Vormittags zuwenden und versuchen herauszufinden, wieweit in dieser Frage Übereinstimmung herrscht und wieweit divergierende Ansichten aufeinanderprallen. Gestern waren wir in einer mehr aufnehmend-rezeptiven Art und Weise hier anwesend. Heute sind wir vermutlich so weit, dass wir zu dem, was wir aufgenommen haben, Stellung nehmen können.

Die Tagung hat eine kleine Vorgeschichte. Ich habe einmal in einer Vorlesung an der Universität Studenten der Naturwissenschaft auf den Plan gerufen, als ich versuchte, die übliche Annahme, dass der Mensch vom Affen abstamme und demzufolge lediglich ein höher entwickeltes Säugetier sei, in Frage zu stellen. Im Anschluss daran hatte ich einen ausführlichen Briefwechsel mit einem Studenten, der mir geschrieben hat, dass er, falls meine Auffassung stimme, an seiner Fakultät belogen würde. Diese Auseinandersetzung hat uns motiviert, die Frage der Menschwerdung in einem grösseren Rahmen wieder aufzunehmen, die ja, so primitiv der Ausgangspunkt auch sein mag, im öffentlichen Leben eine grosse Rolle zu spielen scheint. Gerade im Zusammenhang mit der heute so aktuellen politischen Frage nach dem menschlichen Leben habe ich kürzlich einen Zeitungsartikel mit dem Titel «Stammt der Mensch doch nicht vom Affen ab» in die Hand bekommen.

Darin widerlegt Prof. Dr. Dr. Dr. Wildersmidt die Evolutionstheorie. Gestern hat es aber den Anschein gemacht, als ob die Evolutionstheorie an sich unwidersprochen wäre und als ob es nur darum ginge, zu sehen, wieweit nun zum Beispiel die Theologie oder die Philosophie diese Evolutionstheorie aufnehmen und in ihre Auffassung vom Menschsein integrieren könne. Die *erste Frage*, die wir hier demnach zu stellen hätten, wäre die, ob es unter uns vielleicht doch jemanden gibt, der die Evolutionstheorie als solche ablehnt beziehungsweise vielleicht vom philosophischen Standpunkt her widerlegt. Die Frage führt dann weiter. Wir haben ferner die verschiedenen Möglichkeiten der Hominisation gesehen. Wann und von welchem Zeitpunkt an müssen wir Wesen, die wir auf verschiedenen Stufen der Hominisation finden, als Menschen bezeichnen? Ist das eine Annahme, die wir zu einem bestimmten Zeitpunkt, aus gewissen Merkmalen heraus, mit zwingender Notwendigkeit machen müssen, oder ist es eine willkürliche Annahme? Genügt es zum Beispiel, wenn wir bei gewissen Kreaturen feststellen können, dass sie Werkzeuge, wenn auch noch im primitivsten Sinne, gebrauchen? Können wir sagen, wenn ein Affe sich mit einem Stab oder einem Stück Holz eine Banane vom Baum holt, ob er damit bereits das Werkzeughafte kennt, dass er dann Menschliches zumindest in Ansätzen aufweist? Können wir sagen, dass mit dem Gebrauch des Feuers das Menschliche in die Welt tritt? Auf welchen Grundzügen menschlichen Daseins würde das nun beruhen? Müssten wir dann sagen, dass der Mensch auf Grund seiner ihm schon vorgegebenen wesensmässigen Grundzüge sich des Feuers bemächtigen kann? Die *dritte Frage* ist diejenige nach der Sozietät, der Sozialbildung, der Kommunikation. Zu welchem Zeitpunkt hat der Mensch den anderen Menschen als seinesgleichen angesehen und nicht einfach als Wesen wie andere Tiere? In diesem Zusammenhang stellt sich dann auch die Frage nach der Sprache. Das, würde ich sagen, ist der erste Themenkreis. Der zweite Themenkreis, der mich besonders interessiert hat, war der von Herrn von Uslar angeschnittene, ob tatsächlich des Menschen Leib und die Leiblichkeit des Tieres das Gemeinsame beider ausmachen oder ob hier nicht gerade, wie die Daseins-analyse heute annimmt, das Unterscheidende von Mensch und Tier zum Vorschein kommt. In einem dritten Teil werden wir dann fliessend zur Frage der *Ontogenese* übergehen. Auch dazu möchte ich etwas vor-ausschicken, das dann vor allem für die anschliessende Dis-kussion, die mit dem Plenum stattfindet, von Wichtigkeit sein wird. Ich habe gestern bei einigen kleinen Gruppen mitgehört, und es ist vielfach so gegangen, wie es immer geht: Wir ver-suchten am gestrigen Nachmittag die Frage des Werdens des Menschen im Vordergrund zu behalten und die Frage nach der Verhinderung dieses Werdens, also den Schwangerschaftsab-bruch, als in diesen Zusammenhang gehörend zu diskutieren. In den Diskussionen geschah praktisch immer das Umgekehr-te. Die Frage des Schwangerschaftsabbruches stand fast immer sofort im Zentrum der Diskussion, und unser primäres Anlie-gen geriet darüber sehr rasch in Vergessenheit. Es wurde von persönlichen Erfahrungen, von allgemeinen ethischen und sitt-lichen Auffassungen gesprochen, von Beratungsstellen, vom Staat, der eingreifen muss, von den Kosten, und alsogleich ge-riet man auch schon auf die Ebene des Emotionalen. Heute möchten wir versuchen, auf das eigentliche Anliegen zurückzu-kommen. Wir möchten uns auf die Frage beschränken, *in wel-cher Weise die Beantwortung der Frage nach dem Werden des Menschen eine Relevanz in bezug auf das Schwangerschaftspro-blem* beinhaltet, und versuchen, alles andere vorerst noch ein-mal auszuklammern. Das heisst nicht, dass alles andere un-wichtig ist.

Nun, meine erste Frage lautet: wie kann man die *Evolution* verstehen? Ich hatte einmal darüber mit Herrn Prof. Carl Friedrich von Weizsäcker eine sehr lebhafte Diskussion. Er be-hauptete, Mensch und Tier seien gleichen Wesens. Seiner Meinung nach nehmen alle, die sich weigern, eine Abstam-mung vom Tier anzuerkennen, eine Wertabwägung vor. Wir Menschen halten uns demnach für besondere Wesen, nur wir Menschen haben einen Bezug zu Gott und nur wir Menschen sind demzufolge verantwortlich für unser Tun. Nach Herrn von Weizsäckers Auffassung stimmt das nicht; auch das Tier, wenn auch in primitiver Form, nimmt daran teil. Herr Boss war gestern vormittag nicht hier, hat aber die Vorträge gelesen. Es würde uns vielleicht gerade jetzt interessieren, ob er zu Anfang hier seine Auffassung bekanntgeben würde. Die Auffassungen von Herrn von Uslar, Herrn Kuhn-Schnyder und Herrn Luyten haben wir gehört. Vielleicht können uns jetzt diejenigen, die gestern nicht zu Wort gekommen sind, zunächst etwas sagen. Ist Evolution, um dieses einfache Beispiel zu nehmen, ein *Entstehen* von Niedrigem aus Höherem oder ist umgekehrt Evolution die *Ausdifferenzierung* von Niedrigem aus Höherem? In der daseinsanalytisch orientierten Philosophie sprechen wir doch davon, dass der Mensch nur das werden kann, was er *eigentlich* immer schon ist. Können wir das auch in bezug auf die Menschwerdung, wie wir das jetzt im phylogenetischen Bereich kennengelernt haben, annehmen?

Boss: Ich bin angesprochen, mich zu den Vorträgen von gestern vormittag zu äussern, die ich leider wegen eines andern Kongresses nicht hören konnte. Aber ich habe die schriftlichen Darlegungen der Herren studiert und mit äusserst grossem Interesse zur Kenntnis genommen. Ich würde gerne die paar Punkte, die ich mir angestrichen habe, erwähnen, jene Punkte, die mir fragwürdig erscheinen und die mir zu denken geben. Ich war ausserordentlich beeindruckt von der Vielfalt der Erkenntnisse, die in der Phylogenese gemacht worden sind. Die Angaben von Herrn Kuhn-Schnyder sind ausserordentlich reichhaltig und sehr vorsichtig und sehr besonnen dargestellt. Es wird darin sogar von dem ausserordentlichen, grundsätzlichen Irrtum der Evolutionstheorie in der alten Form gesprochen. Die Phylogenese spricht von Jahrmillionen, in denen jeweils etwas vorgekommen ist, in denen sich etwas entwickelt hat, und auf das, was damit eigentlich ausgesagt ist, soll kurz eingegangen werden. Bei der Angabe, dass der Erdball beispielsweise 4700 Millionen Jahre alt und die Säugetiere 70 Millionen Jahre alt seien und der Mensch noch jünger, darf nicht vergessen werden, dass mit einem Zeitbegriff operiert wird, der selbst überdenkenswert ist. Die Naturwissenschaften können ja nicht sagen, was die Zeit ist. Sie können sie nur messen, und sie messen sie mit allen möglichen Mitteln; in der Phylogenese mit «Atomuhren» anhand der Zerfallsgeschwindigkeiten von radioaktiven Substanzen. Dabei muss man aber immer daran denken, dass wir nicht dabei gewesen sind. Sondern die Dinge zeigen sich *uns* als so und so alt. Alle unsere Kenntnisse sind immer bezogen auf unser menschliches Verstehen und unsere menschlichen Erklärungen, unsere Theorien sind menschliche Theorien. Kann man überhaupt sagen, die Erde war 4700 Millionen Jahre vor den Menschen schon da? Man sagt, sie war da, das heisst sie war anwesend. Wie ist das möglich, was heisst anwesend sein, überhaupt was heisst es, dass etwas «*ist*», wenn es den Menschen nicht gibt, der es vernimmt? Ist das nicht notwendigerweise eine Einheit, die sich nicht trennen lässt, dass man nicht reden kann von etwas, dass es ist, wenn es nicht ein entsprechendes Vernehmen, Aufgehen, Verstehen, also ein menschliches Vernehmen gibt? Was soll sonst «ist» heissen? Wir können gar nicht sagen, ob etwas war oder ist, wenn es abgeschnitten ist von einem menschlichen Vernehmen. Das ist natürlich immer zu bedenken, wenn wir von der Zeit der Phylogenese sprechen. Die Phylogenetiker selbst machen sich über das Wörtchen «ist» gar keine Gedanken, weil dies vorerst völlig selbstverständlich erscheint.

Dann habe ich in diesem Vortrag einen weiteren wichtigen Punkt gefunden. Es wird gesagt, die «paarigen Ausstülpungen des Vorderhirns begannen als Orte der Geruchsrezeption». Bald wurden sie zu grossen Zentren der sensiblen Korrelation ausgebaut. Auf der Stufe der Säugetiere sind die ausgedehnten Hemisphären zum Sitz höchster geistiger Fähigkeiten geworden. Das ist etwas, was ich als Mediziner natürlich auch gelernt habe. Man vergisst dabei sehr leicht, wie gross der Sprung ist, den man macht, wenn man sagt, dass durch organische, im Grunde materiell vorgestellte Organe mit einem bestimmten Stoffwechsel plötzlich eine Perzeption, also ein Wahrnehmen zustande gebracht wird. Dass eine Rose rosenartig duftet, dass einem dies aufgeht, der Rosenduft als Rosenduft, das ist nie

177

aus der Materie des Vorderhirns heraus zu verstehen, auch nicht aus dem Stoffwechsel. Man kommt nicht darum herum, zu sehen, dass hier innerhalb der wissenschaftlichen Vorstellungsweise immer ein Sprung ist. Dass diese Hirnausstülpungen des Nervus olfactorius nie als Ursache des Wahrnehmens verstanden werden können, im Sinne des alten, im 19. Jahrhundert gebräuchlichen Ursachenbegriffs (in welchen die Ursache von sich aus einen Effekt hervorbringt), daran ist wohl überhaupt nicht zu zweifeln. Man kann immer nur sagen, dass dann, wenn uns das Duften einer Rose aufgeht, natürlich ganz bestimmte Prozesse ablaufen, die eine naturwissenschaftliche Untersuchungsmethode an den Hirnnerven feststellen kann. Etwas anderes als eine Gleichzeitigkeitsrelation kann naturwissenschaftlich nicht gesehen werden. Anders, wenn man dazu kommen kann, den Nervus olfactorius als das Leibliche des Vernehmens von Rosenduft zu bezeichnen. Das Primäre ist dann das Vernehmen, das Wahrnehmen, das Aufgehenlassen der Bedeutsamkeit, und das in unzureichender Weise zu materiellen Organ-Dingen Reduzierte ist dann «nur» das Leibliche, die leibliche Sphäre dieses Vernehmenkönnens. Im Vortrag von Herrn Kuhn-Schnyder ist dann sehr richtig betont worden, die Unterscheidung des Menschen vom Tier werde häufig durch die ungenaue Verwendung des Wortes Sprache verwischt, indem zum Beispiel von der Sprache der Bienen gesprochen werde. Ich glaube, man kann nicht stark genug betonen, dass man über die Sprache etwas grundsätzlicher nachdenken muss, als man dies gewöhnlich, auch jetzt zum Beispiel in der Linguistik tut, dass sie nämlich nicht nur Kommunikation und etwas sekundär Etikettenartiges ist, sondern etwas ganz anderes. Wir Menschen sind von Grund auf sprachlichen Wesens, sonst könnte für uns nicht alles, was uns begegnet, von vornherein «vielsagend» sein.

Der Vortrag schliesst dann mit dem ehrlichen Eingeständnis der Rätselhaftigkeit der Gestaltungskräfte, die uns weitgehend unbekannt sind. Auch das ist wichtig. Man sagt ja immer, wir kennen nun die Gene. Die Molekularbiologen kennen die Gene immer genauer, und sie können bereits mit den Genen manipulieren. Man wird möglicherweise bald Menschen herstellen oder sie so verändern können, dass sie nur noch mathematisch denken werden oder zwei Köpfe haben. Immer wieder werden dann die Gene als die eigentlichen Ursachen von all dem angesehen, was man an Strukturen und Stoffen in den Chromosomen festlegen kann. Aber auch das ist keine Ursache in dem Sinne, dass diese Gene plötzlich zur Möglichkeit verdampfen könnten, uns eine sinnesphysiologische Einsicht aufgehen zu lassen. Was wir an Genen morphologisch und physiologisch-chemisch nachweisen können, ist nur das sinnenhaft Wahrnehmbare unseres vernehmenden Existierenkönnens. Kuhn-Schnyder schliesst dann mit dem Zitat von Konfuzius: Erzähle mir die Vergangenheit, und ich werde die Zukunft erkennen! Können wir dem zustimmen oder ist es nicht eher so, dass man eigentlich die Zukunft wissen müsste, um die Vergangenheit zu verstehen? Das ist es, was ich zu diesem äusserst interessanten Vortrag vorerst zu bemerken habe.

Condrau: Wir wollen vielleicht später ein paar andere Ding anfügen. Sie haben die Gegenwart ausgelassen, die wir doch immerhin erfassen können. Nun wollen wir aber Herrn Hicklin zu Worte kommen lassen.

Hicklin: Ich möchte nur kurz einige Bemerkungen zum Vortrag von Herrn von Uslar machen und diese paläontologischen Fragen vorerst für kurze Zeit verlassen. Herr von Uslar hat versucht, die Verbindung zwischen dem Menschen und dem Tierischen dadurch herzustellen, dass er sagte, das Verbindende sei der Leib und die Leiblichkeit. Ich glaube, gerade damit kommen wir in ein Dilemma. Auf der einen Seite ist es tatsächlich so, dass wir den menschlichen genauso wie den tierischen Leib naturwissenschaftlich angehen können. Dass das möglich ist, beweisen uns die Tierexperimente, die der Humanmedizin zugute kommen. Ein grosser Teil des medizinischen Fortschrittes unserer Zeit ist darauf zurückzuführen, dass wir den menschlichen Leib in dieser Art naturwissenschaftlich erfassen können. Die Daseinsanalyse weist aber darauf hin, dass der menschliche Leib und das menschliche Leiben gerade etwas wesentlich Anderes sind als einfach nur tierische Körperhaftigkeit. Die ganze psychosomatische Medizin wäre nicht recht verständlich, wenn wir bei dieser Identität bleiben würden. Nicht von ungefähr steht die naturwissenschaftliche Medizin der Psychosomatik so hilflos gegenüber. Ein Asthma ist nur zu verstehen, wenn wir sehen, dass das Atmen des Menschen nicht einfach identisch ist mit der Ventilation einer tierischen Lunge. Der Mensch steht ganz anders in der Welt, er weiss atmend um Bedeutungszusammenhänge. Menschliches Leib-Sein geht weit über das hinaus, was wir von tierischer Leiblichkeit wissen. Wir stehen vor einem Dilemma: Auf der einen Seite lässt sich der menschliche Leib genauso behandeln und sehen wie der tierische Leib, als etwas mechanisch-naturwissenschaftlich Erfassbares, und auf der andern Seite kommt aber gerade auch im Leib etwas spezifisch Menschliches zum Vorschein. Wir kommen nicht darum herum, diese Zwiespältigkeit auszuhalten, dass der Leib des Menschen und des Tieres sowohl auf völlig Verschiedenartiges hinweist als auch auf Identisches.

Condrau: Vielleicht nun doch noch kurz zu meiner Frage nach der *Sprache.* Wir sagen, dass die Sprache das Verstehen und das Wahrnehmen und Vernehmen von Bedeutungsgehalten enthält beziehungsweise voraussetzt. Dass die Sprache also nicht lediglich eine Signalübermittlung ist, sondern dass sie viel mehr enthält, weil jedes Wort einen Bedeutungsgehalt hat. Und da habe ich eben diesen Brief bekommen, in dem unter anderem stand: «Ihre Auffassung von der Sprache, die ein Verstehen und Vernehmen von Bedeutungsgehalten voraussetzt, die den Tieren abgeht, scheint der Arbeit von Gardner zu widersprechen. Darin wurde beschrieben, dass eine Schimpansin 132 Zeichen einer taubstummen-ähnlichen Sprache erlernt habe. Und in einem andern Experiment wurde nachgewiesen, dass eine Schimpansin das generelle Konzept: X ist der Name für Y gelernt habe.» Würden Sie, Herr Kuhn, das bereits als Sprache bezeichnen, oder tritt durch die Sprache etwas völlig Neues in die Welt?

Kuhn-Schnyder: Für mich ist das keine Sprache. Das ist irgend etwas Angelerntes.

Condrau: Wenn man von der Sprache der Tiere spricht, meinen Sie, dass man damit bereits etwas Falsches andeutet?

Kuhn-Schnyder: Das deutet etwas Falsches an.

Luyten: Natürlich kann man in einem gewissen Sinne von der *«Sprache der Tiere»* reden. Man muss sich aber bewusst sein, dass dann der Begriff Sprache eine grundsätzlich andere Bedeutung hat, als wenn man von der menschlichen Sprache redet. Herr Buitendijk, der sich sehr intensiv mit Tierpsychologie befasste, hat sich immer sehr dagegen gewehrt, dass man von der «Sprache der Tiere» redet. Sicher, es gibt so erstaunliche Dinge wie zum Beispiel die sogenannte Bienensprache, dass es naheliegt, den Begriff Sprache zu verwenden. Ich wäre übrigens nicht einverstanden, die Sprache dadurch zu definieren, dass Bedeutungen wahrgenommen und mitgeteilt werden. Das ist ganz sicher schon beim Tier der Fall. Auch das Tier nimmt Bedeutungen wahr und teilt sie mit. Das Tier, das einen Schrei ausstösst, wenn eine Gefahrensituation vorhanden ist, nimmt die Situation in ihrer Bedeutung wahr und teilt sie durch den Schrei den anderen Tieren mit. Das Verhalten der Tiere weist sehr deutlich darauf hin, dass hier nicht einfach ein Mechanismus abläuft. Übrigens möchte ich meinen, dass man sehr vorsichtig sein sollte mit dem Wort Mechanismus. Man tut, als ob Mechanismus ein ganz klarer Begriff wäre, und das ist er überhaupt nicht. Zunächst einmal möchte ich darauf hinweisen, was übrigens Bertalanffy schon getan hat, dass das Wort Mechanismus von «mechane», das heisst Maschine, kommt, und nichts ist finalistischer als eine Maschine, so dass Mechanismus in diesem Sinne paradoxerweise Finalismus besagen würde. Den Unterschied zwischen tierischer und menschlicher Sprache sehe ich darin, dass das sogenannte Sprechen des Tieres immer irgendwie situationsgebunden ist, während der Mensch die Bedeutungen nicht nur aus der jeweiligen Situation nimmt, sondern sozusagen über ein in sich stehendes Bedeutungsreservoir verfügt. Ich kann über Gefahr reden, ohne dass irgend etwas in der Situation mich dazu zwingt. Beim Tier ist die Bedeutung Gefahr in der Situation vorgegeben. Wesentlich für das Sprechen wäre also das *freie Verfügen* über Bedeutungen. Beim Tier hat man das nicht. Bei ihm sind die Bedeutungen immer sozusagen eingekapselt, materialisiert, während beim Menschen Bedeutungen von der Situation losgelöst sind und deshalb ein Eigendasein führen. Das wäre für mich typisch für das menschliche Sprechen und demnach auch für sein Geistsein.

Kuhn-Schnyder: Ich möchte nur bemerken, dass auch beim Menschen ein Rudiment dieses Verständigungssystems, das man bei Tieren hat, noch vorkommt. Wenn Sie sich brennen oder wenn Sie sich in Gefahr befinden, dann schreien Sie. Das ist aber keine Sprache, sondern einfach Ausdruck von Schrekken oder Freude, und das ist etwas Ähnliches wie das, was das Tier als Verständigung benutzt.

Condrau: Damit wäre ich einverstanden. Aber das würde doch beweisen, dass Sprache etwas Besonderes ist. Der Schrei des Tieres, das die Gefahr wahrnimmt, was uns ja auch noch offen ist, setzt sich eben nicht in Sprache um. Ich meine, einen Schrei würde ich noch nicht als Sprache bezeichnen.

Luyten: Es kommt da aber noch eine andere Dimension hinzu. Wenn ich mir zum Beispiel den Finger verbrenne, dann schreie ich. Das hat jedoch keine Mitteilungsbedeutung. Wenn das Herdentier beziehungsweise das Wachttier aber einen Schrei ausstösst, hat dies nicht nur die Bedeutung, dass das Tier sozusagen selber vor der Gefahr erschrickt, sondern darüber hinaus, dass die Herde vor der Gefahr gewarnt wird. Diese Dimension der Mitteilung, die auf ein soziales Gefüge hinweist, kommt hinzu.

Boss: Wenn wir über Tiere sprechen, aber auch, wenn Herr Uslar die Verwandtschaft oder die Zusammengehörigkeit des

Menschen mit dem Tier im Leiblichen sieht, dann geraten wir immer in die Schwierigkeit, dass wir über etwas sprechen, von dem wir nichts wissen, weil die Tiere uns nichts sagen können. Wir können immer nur schliessen, anthropomorphisieren und auslegen. Natürlich ist das Tier, wie Herr Luyten sagte, offen und ist irgendwie bezogen auf das, was ihm begegnet, sei es nur eine Gefahr oder irgend etwas anderes. Aber *wie* das Tier darauf bezogen ist, was ihm an Bedeutsamkeiten aufgeht, das wissen wir gar nicht. Darum haben wir auch Schwierigkeiten mit dem Vergleich der Sprache von Tier und Mensch.

Der Bezug der tierischen Leiblichkeit als Verständnismöglichkeit für den Menschen hat nicht sehr viel zu bieten, weil wir eben gar nicht wissen, was seine Leiblichkeit ist. Wenn man von der Einheit von Natur und Geist, und von Tier und Mensch spricht, denn sagt die Rede von solcher Einheit nichts Klärendes aus, solange wir nicht das Einigende kennen, das diese Einheit zusammenhält, diese an sich doch verschiedenartigen Erscheinungen wie Geist, Natur, Tier und Mensch. Was aber ist das Einigende? Solange man das Einigende nicht kennt, hat das Reden von Einheit keinen Erhellungswert. Und die Frage ist, ob das Einigende, von dem aus wir diese verschiedenen Phänomene verstehen können, nicht gerade die vollentwickelte, vollausgezeugte Existenz, das voll ausgezeugte Existieren des Mensch-Seins sein könnte? Müssen wir nicht das zuerst erfassen, um von da aus all das, was dann teilentwickelt ist auch das Tier, vielleicht sogar leblose Sachen, von da aus als Privativerscheinungen des menschlichen Existierens zu verstehen?

v. Uslar: Ich würde sagen, das Einigende ist das *Sein* – und insofern natürlich auch die menschliche Existenz, weil wir in ihr erfahren, was Sein ist. Ich gebe Ihnen also in gewisser Weise recht, Herr Boss. Nur möchte ich das Wort «Privativerscheinung» hier nicht voll unterstützen. Mir ist in diesem Zusammenhang eine Äusserung von Leibniz eingefallen, der an einer Stelle sagt, es sei der Fehler der Cartesianer, dass sie Seele mit Bewusstsein gleichgesetzt hätten und dass sie deswegen den Tieren die Seele abgesprochen und sie nur als Automaten gesehen hätten. Ich frage mich, ob wir nicht hier in unserer Diskussion ein gewisses Erbe dieser cartesianischen Trennung mitschleppen. Herr Condrau hat vorhin einen Satz zitiert, der auf die Aussage hinauslief, der Mensch sei nur ein höher entwikkeltes Säugetier. Was heisst dieses «nur», dieses «nichts als»? Ist das Tier wirklich nur der naturwissenschaftlich erforschbare Körper? Ist es richtig, so zu unterscheiden, dass *wir* Leib sind und das *Tier* nur Körper ist? Ist es richtig, das, was sich naturwissenschaftlich objektivieren lässt, einfach mit dem Körper des Tieres zu identifizieren? Kann man dem Tier das Leib-Sein völlig absprechen, wenn auch unser Leib-Sein ein völlig anderes ist? Heidegger hat einmal in einer Diskussion über diese Fragen gesagt, das Tier sei im Grunde das Allerrätselhafteste. Es ist uns so ähnlich und doch so anders. Von daher könne er verstehen, dass zum Beispiel die Ägypter ihre Götter als Tiere oder als Mischgestalten aus Tieren und Menschen dargestellt haben.

Ich möchte hier noch einmal betonen, dass wir wirklich einen ganz bestimmten Platz im Reich der Lebewesen haben. Das ist ja das Ergebnis der Phylogenese. Wir teilen mit den Säugetieren eine bestimmte Eigenart unserer Leiblichkeit. Wir teilen sie in besonderem Masse mit ganz bestimmten Tieren. Und wir teilen sie in einem weiteren Rahmen mit *allen* Tieren. Wenn das so ist, dann wissen wir aber etwas über das Leib-Sein der Lebewesen, weil wir eben selber solche Lebewesen sind. Ich bin also durchaus derselben Meinung wie Herr Boss, dass wir von unserem *Sein* her denken müssen. Aber ich meine, dass wir nicht einen so krassen Unterschied zwischen unserem Leib-Sein und dem Leib-Sein der Tiere machen dürfen. Man muss auch bedenken, dass sich die Tiere auch untereinander in ihren Möglichkeiten unterscheiden, zum Beispiel in Beziehung auf die Fähigkeiten ihrer Organe. Damit knüpfe ich an das an, was Herr Hicklin sagte. Sehr wesentlich sind auch die Fragen: Was ist Leib? und: Was ist Körper? Herr Boss hat in diesem Zusammenhang gesagt, dass beim Riechen wohl unser Gehirn beteiligt sei, dass wir aber das, was dieses Gehirn *ist*, erst vom wirklichen Vollzug des Riechens her voll verstehen können, also etwa vom Wahrnehmen einer Rose her. Das ist ein Gedanke, den in einer andern Terminologie, aber doch mit dem gleichen Sinn, schon Aristoteles ausgesprochen hat, wenn er sagte, dass sich ein Organismus nur aus seiner Funktion her verstehen lässt. Was ein Auge ist, kann man nur begreifen, wenn man begreift, was Erblicken ist. Die Wirklichkeit des Sehens bestimmt sich aus der Wirklichkeit des Erblickens und des Erblickten. Und die Wirklichkeit des Werkzeugs, des Organon, bestimmt sich aus dieser Möglichkeit des Sehens und Erblickens. Seele ist in diesem Sinne die Wirklichkeit des Organismus. Ich glaube, dass das Begriffe sind, die in der Mitte stehen zwischen einem nur objektivierenden Bild des Körpers als Gegenstand des Messens auf der einen Seite und dem vollen Gedanken des Leiblich-Seins des Menschen als seines Daseins auf der andern Seite. Es ist sicher richtig, dass man zunächst einmal die Eigenart menschlichen Leib-Seins und menschlichen Seins herausarbeiten muss. Aber nur, um dann eben doch an das Einigende zu denken. Und dieses, wie gesagt, sehe ich nicht nur in unserem Dasein, sondern im Sein, das eben sich in unserem Dasein zeigt.

Saner: Ich sehe eine gewisse Gefahr in dieser Redeweise von *dem* Tier und *dem* Menschen. Wenn wir uns überlegen, was das alles beinhaltet, *das* Tier, nämlich den Sprung von der Amöbe bis zum Delphin zum Beispiel, dann kann man sich tatsächlich fragen, wo der Sprung grösser ist: zwischen der Amöbe und dem Delphin oder dem Primaten und dem Menschen. Selbst wenn man sich dann noch entscheiden sollte, dass der Sprung zwischen dem Primaten und dem Menschen grösser sei, wird man zugeben müssen, dass es um graduelle Unterschiede geht, die auch innerhalb des Tierreichs aufzeigbar sind, und dass wir in der Natur keine absolute Sonderstellung haben und nicht so vollständig anders sind als alle andern Lebewesen. Dafür war in der Geschichte der Menschheit ein gewisses Empfinden vorhanden. Das ist übrigens auch eine Auslegung von Bedeutung, und zwar als Hinweis darauf, wie die Menschen sich und ihr Verhältnis zum Tier gesehen haben. Zum Beispiel ist der ganze

Bereich des Heiligen ein durch Tiere symbolisierter und belebter Bereich. In den Mythologien sieht man, welche auch geistigen Funktionen und Rollen der Mensch, als er diese hybride Trennung noch nicht vollzogen hatte, dem Tier zugedacht hat. In späteren Zeiten, als die Trennung dann da war, ist es dem Menschen oft leichter gefallen, sich mit einer niedereren Lebensform, zum Beispiel mit der Pflanze, zu identifizieren als mit dem Tier. Ich erinnere an Schiller: «Suchst du das Höchste, das Grösste? Die Pflanze kann es dich lehren. Was sie willenlos ist, sei du es wollend – das ist's!» – Vielleicht muss man auch hier die psychologische Frage stellen: Warum setzen wir diese Grenzen? Oder, im Anschluss an ein Beispiel gesprochen: Warum hat nicht auch mein Hund ein psychosomatisches Beinleiden? Wer etwa einen Haushund hat, ist überzeugt, dass dieser beseelt ist. Wer Tiere beobachtet, weiss, dass sie leiden können, und ist überzeugt, dass Psychisches in ihnen einen Ausdruck findet. Aber das ganze Ausdrucksphänomen ist etwas Psychosomatisches und nicht bloss das die Medizin interessierende. – Kurz: Ich zweifle an den generellen und krassen Unterscheidungen; aber ich bin bereit, zuzugestehen: Ein qualitativer Unterschied, ein Sprung, ist immer noch da.

Condrau: Herr Faller hat noch nichts zu diesem Thema gesagt?

Faller: Ich glaube, dass der Begriff Evolution für uns zu einer Art Denkschema geworden ist. Ein Denkschema, das etwas Bezauberndes hat, etwas, das durch seine Grossartigkeit gefällt und das auch einen wissenschaftlichen Wert allein dadurch erhält, weil es uns in vielen Fällen den Schlüssel zu einer Erklärung gibt. Viele kleine Teilergebnisse können unter einem gemeinsamen Gesichtspunkt verstanden werden. Die ganze Paläontologie, die ganze vergleichende Anatomie und die Embryologie werden durch die Evolution zu einem grossen Ganzen von erstaunlicher Erklärungskraft verbunden. Wir dürfen aber trotzdem nicht vergessen, dass es sich immer nur um ein Denkschema handelt. Wenn wir uns das am Beispiel der Paläontologie ansehen, dann liegt der ganzen Erklärung eigentlich die Gleichung Formverwandtschaft gleich Blutsverwandtschaft zugrunde. Davon wissen wir aber nur aus unserer eigenen Lebenszeit etwas, nicht aber für frühere Zeiten. Auch hier ist ein Bereich, über den wir wenig Sicheres wissen. Ferner möchte ich noch etwas zur Frage von Riechhirn und Grosshirn beitragen. Da spielt noch ein weiterer Aspekt, der nicht aufgezeigt worden ist und den man als Keinogenese bezeichnet, eine Rolle. Sie wissen, dass es Sachverhalte in der Entwicklung gibt, die darauf hinweisen, dass ein Funktionswechsel stattgefunden hat. Wir sehen das zum Beispiel bei den Schlundbogen. Erster und zweiter Schlundbogen werden bei höheren Tieren zu Teilen des Gehörapparates. Ähnlich verhält es sich auch mit dem Riechhirn. Wenn man vor einem oder zwei Menschenaltern ein Riechhirn beschrieb, dann rechnete man noch viele Strukturen dazu, die man heute zu etwas ganz anderem zählt, nämlich zum limbischen System, das der Art- und Selbsterhaltung dient. Auch das ist Keinogenese. Dieses ganze Gebiet ist ausserordentlich interessant, aber wir bewegen uns in einer Zone, wo vieles ungeklärt ist.

Kuhn-Schnyder: Darf ich noch darauf aufmerksam machen, dass man die Tierwelt unter zwei Gesichtspunkten untersuchen kann. Einmal unter demjenigen des Körperbaus, der Morphologie, und dann kann man sagen, der Mensch ist ein Säugetier. Man kann die Tierwelt aber auch nach ihrer Leistung untersuchen. Und da gibt es absolute Grenzen. Eine dieser absoluten Grenzen erblicke ich im Besitz der Sprache des Menschen, als einen grundlegenden Unterschied gegenüber dem Säugetier.

Luyten: Ich wollte auf etwas Ähnliches hinweisen. Die Bemerkung von Herrn Saner, der vor einer zu grossen Zäsur warnt, ist zwar berechtigt in dem Sinne, dass man sich das Ganze nicht allzu einfach machen soll. Andererseits wäre ich doch mit meinem Vorredner einverstanden, dass wir in unserem Denken oftmals zu wenig differenzieren. Es ist doch durch die ganze Menschheitsgeschichte hindurch nachweisbar, dass der Mensch sich selber immer auf absolut andere Weise als das

Tier verstanden hat. Das widerspricht nicht schlechthin dem, was Herr von Uslar sagte, denn eine gewisse Verbundenheit ist sicher auch da. Aber dass der Mensch sich stets irgendwie als ganz Eigener empfunden hat, ist doch wohl eine Konstante in der Geschichte. Das kann man, wie mein Vorredner sagte, an den Leistungen erhärten. Das Tier ist in seinem Verhalten immer situationsgebunden – der Ausdruck stammt, soviel ich weiss, von Buitendijk –, während der Mensch diese Situationsbindung übersteigt. Die menschliche Körperlichkeit zeigt übrigens ebenfalls eine grundlegende Differenziertheit zum Körper des Tieres. Zum Beispiel das Freiwerden der Hand. Das hat man in diesem Sinne auch nicht bei den Affen, welche eine Kletterhand, nicht aber eine «offene» Hand haben. So kommt selbst im Körper die Eigendimension des Menschen noch zum Ausdruck.

Boss: Herr von Uslar sagte, die Einheit zwischen Mensch und Tier sei im Sein zu suchen. Das ist aber nur eine Verschiebung, weil dann die Frage aufkommt, was wir meinen, wenn wir von «Sein» sprechen. Das ist noch nicht geklärt. Da fängt das Fragen von neuem an. Was Herr Luyten jetzt gerade sagte, ist schon wahr: dass der Mensch sich immer als etwas Eigenes erlebte. Er hat sich ursprünglich wirklich einmal als Nabel des ganzen Kosmos gefühlt, aber das könnte ja ein Grössenwahn des Menschen sein, der durchaus durch nichts berechtigt ist. Aber es könnte auch anders sein. In bezug auf die Sprache müsste man fragen, was das ursprüngliche Sprachliche ist. Das ursprünglichste Sprachliche ist alles andere als das Verlautbaren. Es ist ja dasjenige, dass uns die *Dinge* etwas zu sagen haben. Jedwedes Begegnende spricht uns an als das oder das, und dieses unser Angesprochenwerden ist das Eigentliche, die Grundlage des Sprachlichen. Weil uns immer etwas anspricht, sind wir so ursprünglichen Wesens Sprachliche. Aber auch die Tiere werden auf eine uns unbekannte Art angesprochen. Können wir da von einem Sprung zu unserer Sprache sprechen? Oder ist es nur ein um vieles Klarerwerden der Bedeutsamkeiten beim Menschen als beim Tier? Ist das beim Tier noch etwas Verdunkeltes, so wie vergleichsweise eine Stallaterne viel dunkler ist als ein Scheinwerfer, oder ist das etwas noch ganz anderes? Das Tierische sollten wir im Menschen anerkennen und das Triebliche, sagt man. Das ist alles sehr fragwürdig. Tierisch nennen wir, was triebhaft oder verfallend ist. Solche Triebe sind aber Abstraktionen. In Tat und Wahrheit handelt es sich um ganz bestimmte Beziehungsweisen zur Welt. Ob dem Menschen Bedeutungen an sich sozusagen gegeben sind, wie Herr Luyten sagte, ist eine grosse Frage. Sind Bedeutsamkeiten uns im Kopfe als Gebilde gegeben oder ist das ein Vergegenwärtigen-Können von Abwesendem, während das Tier in der Tat angewiesen ist auf sinnlich wahrnehmbares Bedeutsames? Da kommt ein ganz interessantes Phänomen herein, dass nämlich, wenn wir träumen, uns die Bedeutsamkeiten unserer Welt fast immer von unmittelbar sinnlich wahrnehmbar Gegenwärtigem her direkt anspricht.

Condrau: Wir wollen jetzt dieses Thema verlassen. Ich möchte nur noch zum Abschluss sagen, dass sich doch herauskristallisiert hat, wie wichtig gerade das Problem der Sprache ist, wenn wir sowohl die Phylogenese des Menschen, aber auch seine Beziehung zur Tierwelt und zur Pflanzenwelt berücksichtigen. Wir haben vorerst von der Sprache als Sprechen gesprochen.

Die Sprache ist aber nicht nur Sprechen, sondern auch das Aufnehmen und das Verstehen des Gesprochenen. Man kann wohl den Tieren gewisse Worte mit einer Signalwirkung mitteilen. Aber es ist mir noch niemand begegnet, der einen Hund oder ein Haustier soweit bringt, dass dieses Tier wirklich *versteht*. Die Sprache ist doch etwas sehr viel Komplizierteres. Die Menschheit hat auch in bezug auf die Sprache eine Entwicklung durchgemacht. Die Sprachen haben sich verändert, sind differenzierter geworden. Sprache hat mit Denken zu tun, Denken wiederum mit der Kulturentwicklung. Ich glaube, es sind doch sehr weitgehende Entwicklungen vorgekommen, die nur beim Menschen sichtbar sind. Ich weiss nicht, ob ein Hund vor 1000 Jahren sich nicht genau gleich verhalten hat wie ein heutiger Hund, je nachdem wie sich der Mensch auch damals schon zu ihm verhalten hat.

Nun wollen wir aber noch auf die Frage der *Ontogenese* zu sprechen kommen. Hier erlaube ich mir mit einer gezielten Frage an Herrn Faller zu beginnen. Herr Faller hat uns die biologische Entwicklung der Zygote zum Embryo, zum Fötus, bis zum geborenen Menschen hin aufgezeigt und hat mit einer erstaunlichen Kehrtwendung am Schluss geendet, die uns als Politiker natürlich ausserordentlich interessiert hat, die Aussage nämlich, dass, wenn schon eine Zäsur in der Frage des Schwangerschaftsabbruches gemacht werden dürfte oder könnte, diese nach dem ersten Monat zu setzen wäre. Er hat nicht das Postulat aufgestellt, man soll es tun, aber er hat gesagt, damit (so habe ich ihn verstanden) könnte er sich noch in irgendeiner Weise einverstanden erklären. Und hier haben sich sowohl bei den Vertretern der freien Auffassungen in Sachen des Schwangerschaftsabbruches wie auch bei den Gegnern Zweifel gemeldet. Zweifel, ob diese Zäsur nach dem ersten Monat nicht genauso willkürlich wie eine Zäsur nach dem dritten Monat wäre. Das soll aber nur ein Einstieg in die Diskussion sein.

Faller: Sie haben mich direkt angesprochen. Ich bin nicht für Zäsuren. Ich kann nur sagen, dass vom ersten Monat zum zweiten Monat der Unterschied morphologisch bedeutend ist. Im dritten Monat sehe ich vom Gebiete der Embryologie und auch von dem der Medizin her keinerlei Möglichkeit, vernünftigerweise eine Stufe zu setzen. Sie ist meines Erachtens in diesem Zeitpunkt absolut willkürlich. Sie sehen das auch aus dem Sprachgebrauch. Embryo nennen wir nach heute ganz allgemeiner Übereinkunft den werdenden Menschen im ersten und zweiten Monat, vom dritten Monat an sprechen wir vom Fötus bis zur Geburt. Ich würde mich sehr dagegen wehren, wenn meine Worte von gestern dahingehend interpretiert würden, es wäre da eine Zäsurmöglichkeit. Ich sage nur, das Geschehen im ersten Monat ist von einer grösseren Reichhaltigkeit, und es kommt zu einem gewissen *Abschluss* der Organanlagen am Ende des ersten Monates. Die Fristenlösung ist eine Erfindung der Politiker. Sie hat in re, von meinem Fach aus gesehen, nicht die geringste Begründungsmöglichkeit.

Condrau: Würden Sie die Aussagen, die ich gestern im Zusammenhang mit einem Zitat von Herrn Blechschmidt gemacht habe, somit unterstützen?

Faller: Manche Aussagen von Herrn Blechschmidt kann man unterstützen. Hier erreichen wir ein Gebiet, das gestern von Herrn Saner berührt worden ist. Er hat uns drei verschiedene Positionen vorgeschlagen: den Begriff Mensch von der Lebensgeschichte des Individuums her, den Begriff Mensch von der Reifeform her und als dritte Position die Seinsweise des Ungeborenen teleologisch gesehen. Es gibt noch eine vierte Möglichkeit: das ist die genetische Position, die heute den wissenschaftlichen Konsensus aller auf sich vereinigt. Im Moment der Befruchtung wird ein menschliches Spermium eine menschliche Eizelle befruchten, und es entsteht eine menschliche Zygote, die den vollen Chromosomensatz hat. Von der Genetik her bekommen wir einen sehr wertvollen Hinweis darauf, dass man den Beginn des Menschseins im Moment der Verschmelzung der Chromosomen der Eizelle mit der Samenzelle sehen muss. Das ist vielleicht noch nicht in das Bewusstsein der breiten Masse gedrungen. Es hat mich gestern gestört, dass man so viel aus dem Verhalten der Leute abgeleitet hat. Die Leute verhalten sich längst nicht immer so, wie sie sich verhalten sollten! Sein und Sein-Sollen haben von jeher auseinandergeklafft und werden es wahrscheinlich auch immer tun.

Kuhn-Schnyder: Herr Faller hat von der Zygote gesprochen. Aber er weiss sicher, dass Parthogenese vorkommen kann. Ich könnte mir in Zukunft einmal vorstellen, dass ein Mensch aus einem Ei entsteht, das unbefruchtet ist. Das ist sicherlich denkbar, und dann müsste er mit einem halben Chromosomensatz durchs Leben schreiten.

Faller: Das stimmt für einige Tiere. Man kennt Fälle, wo aus einem haploiden Ei, einem Ei mit einem halben Chromosomensatz, unbefruchtet ein Individuum entsteht.

Kuhn-Schnyder: Ja, es ist aber so, dass wir das bisher nur von relativ nieder organisierten Tieren wissen. Wir können es für den Menschen nicht ohne weiteres ablehnen, aber es ist vorläufig noch eine Spekulation. Man hat es bei Vögeln und bei Eidechsen beobachtet. Dies sind die höchsten Tiere, bei denen das Vorkommen von Parthenogenese heute bekannt ist.

Condrau: Nun haben wir die Ansicht des Embryologen und des Naturwissenschaftlers kennengelernt. Offenbar scheint sich da ein Konsens über den Beginn des menschlichen Lebens anzubahnen. Ich glaube aber auch, Herr Faller werde mir zugestehen, dass der Embryologe wirklich nur über das etwas aussagen kann, was er eben als Embryologe feststellen kann. Er sagte ja selbst einmal, mit Embryologie allein sei dem Rätsel Mensch nicht beizukommen. Zur Integration des «Typisch-Menschlichen» werde man nur gelangen, wenn man die durch die naturwissenschaftliche Methodik gegebenen Grenzen überschreite. Unsere Diskussion ging eben über diese Grenzen hinaus. Ich muss noch einmal Herrn Saner das Wort geben und ihn darlegen lassen, dass die Frage nach dem Beginn des menschlichen Lebens nicht nur eine rein biologische Frage ist. Wir haben gestern übrigens gesehen, dass auch von theologischer Seite andere Ansichten vertreten worden sind. Darüber sind wir uns wohl alle im klaren, dass es keine generell akzeptierte Antwort auf diese Frage gibt und geben kann. Für den Politiker ist aber schon die Tatsache bedeutsam, dass es verschiedene Ansichten gibt.

Saner: Ich darf noch einmal kurz auf die Position hinweisen, die ich wirklich eingenommen habe, weil sie von Herrn Faller nicht ganz richtig gezeichnet worden ist. Ich habe ausgeführt, dass wir annehmen müssen, dass menschliches Leben von allem Anfang an menschlich organisiert ist. Die Zygote ist aus einer menschlichen männlichen und einer menschlichen weiblichen Samenzelle entstanden. Wir haben keine Möglichkeit, sie für Leben in einem allgemeinen Sinn oder tierisches oder pflanzliches Leben zu halten. Bis dahin bin ich mit Ihnen vollständig einverstanden. Eine andere Frage ist aber, ob dieses Wesen nun von allem Anfang an als Mensch zu bezeichnen sei. Ist also menschliches Leben gleich Mensch? Und hier sehe ich einiges anders als Sie, Herr Faller. Ich kann wohl zugeben, dass es *eine mögliche* Betrachtungsweise ist, auf dem Hintergrund der Lebensgeschichte des Menschen zu sagen: Es gehört eben zum Mensch-Sein, dass es beginnt, wobei das Wort «beginnt» hier fraglich ist, weil der ganze Lebensbereich zurückverweist auf eine nahezu endlose Herkunft, dass es beginnt als Zygote. Ich mache mir diesen Standpunkt aus ganz bestimmten Gründen nicht zu eigen: Wer nämlich so denkt, steht bald vor der Frage: Und was ist denn die männliche Samenzelle? Ist sie auch ein Mensch? Wenn wir dann logisch bleiben wollten, kämen wir durch diese extreme, scheinbar klare Position in solche Verwicklungen, dass wir sie gar nicht durchhalten könnten. Die Frage stellt sich also: Wie wollen wir den Menschen als Menschen kennzeichnen, und inwiefern ist der Fötus und der Embryo bereits ein Mensch? Hier habe ich darauf hingewiesen, dass dieses Problem von mir aus gesehen *unlösbar* ist. Dieser Mensch oder dieser Fötus steht von allem Anfang an in einer doppelten Dialektik. Ihre Haltung, die Zygote als einen Menschen zu betrachten, wird, grob gesagt, Lügen gestraft durch die Art und Weise, wie sich die Gesellschaft, auch die medizinische, wirklich zu diesen Lebewesen verhält. Es geht offenbar selbst wider das Empfinden der Mutter, dass ein Fötus von zum Beispiel 15 cm Länge ein Mensch sein soll. Darüber hat man konkrete Forschungen aus amerikanischen Spitälern. Was geschieht mit den Föten, die die Mindestmasse erfüllen? Sie werden hergerichtet als Leichen, man bringt sie in ein Kühlfach und man benachrichtigt die Eltern, dass sie diese Föten nun begraben müssten. Aber sehr oft kommen die Eltern gar nicht. Sie vollziehen das Ritual nicht, weil sie der Meinung sind, dass da kein Mensch zu begraben sei. Sie lassen statt dessen die toten Föten liegen, oft bis die Kühlfächer voll sind und schliesslich polizeilich geräumt werden müssen. – Mit diesem Hinweis möchte ich zugleich sagen: Die eingangs gestellte Frage sollte vielleicht nicht bloss theoretisch angegangen werden, sondern auch daran bemessen werden, was sich im Verhalten der Eltern und der Ärzte zeigt. Nimmt man dann zur Kenntnis, dass weder Ärzte noch Eltern noch sonstwer zu kleine Föten *realiter* für Menschen halten, dann mag das *theoretische* Korrektiv angebracht sein: und doch enthalten sie schon in sich, was erst aus ihnen wird. An diesem Miteinander des Noch-nicht und des Doch-schon scheitern die eindimensionalen Lösungen. – Der Vorwurf, den ich Ihnen mache, lautet nun: dass Sie Zuflucht zu einer eindimensionalen Lösung nehmen, diese fast absolut generalisieren, dabei in Widerspruch geraten zum elterlichen Empfinden und zum ärztlichen Handeln und schliesslich die Komplexität der ganzen Frage mehr durchschneiden als lösen.

Hicklin: Es scheint ein allgemeines Problem unserer Diskussion von heute morgen zu sein, dass wir versuchen, Entwicklungen in den Griff zu bekommen: die phylogenetische Entwicklung, die ontogenetische Entwicklung. Wir stellen fest, dass solche Entwicklungen offenbar sprunghaft vor sich gehen, und wir stellen weiter fest, dass wir diesen Sprung nicht so scharf in den Griff bekommen, wie wir das gerne möchten. Wir versuchen immer wieder, diesen Sprung möglichst scharf zu definieren, wobei wir dann jeweils sehen, dass dies gar nicht möglich ist. Etwas von dem Neuen, was aus dieser sprunghaften Entwicklung entsteht, ist offenbar im Vorhergehenden auch immer schon mitenthalten. Möglicherweise gilt das sowohl für die phylogenetische Entwicklung wie auch für die ontogenetische.

Faller: Ich habe es sehr bedauert, dass wir in diesem Symposium keinen Genetiker unter uns hatten. Wo Herr Saner Mensch sagt, da würde ich «Voll-Mensch» sagen. Natürlich ist der Fötus noch in vielem potentiell, aber er ist ein Mensch auf dem Wege zum Voll-Menschen. Genau so ist ein Neugeborenes noch kein Voll-Mensch. Ein Schulkind ist es auch nicht, und wir sind es häufig auch noch nicht oder zu wenig. Und ob wir es dann im Moment unseres Todes sein werden, das ist wie-

194

der eine andere Frage. Was die amerikanischen Bestattungssitten betrifft, so stimmt es sicher, dass im Beginn der Schwangerschaft der affektive Rapport zwischen Mutter und Kind noch weigehend fehlt. Das würde erklären, warum die Föten nicht abgeholt werden. Sobald er sich zu bilden beginnt, nimmt die Mutter an ihrem Kind Anteil und hat Freude daran. Man sieht das in der ärztlichen Praxis ausserordentlich häufig. Es ist doch oft so, dass zunächst ein Widerstand gegen eine Schwangerschaft besteht und dass es oft genügt, dass der betreffende Arzt die Patientin ein zweites Mal bestellt. Dann hat sich oft ihre Einstellung grundlegend geändert, weil sie sich unterdessen mit der Möglichkeit eines Kindes befasst hat.

Condrau: In diesem Zusammenhang möchte ich doch auf ein Missverständnis hinweisen, das zwischen beiden Herren besteht. Ich glaube nicht, Herr Saner habe gemeint, dass sich aus dem Verhalten von Frauen, die in individuellen Situationen ein Kind verlieren, etwas in bezug auf die Wertung der Menschwerdung aussagen lässt. Er hat vielmehr generell auf das Verhalten der Gesellschaft hingewiesen, die natürlich auch aus Individuen besteht. Aber ich würde meinen, dieses Verhalten einer Gesellschaft gegenüber dem Embryo ist nicht identisch mit dem Verhalten der Mutter, die diesen Embryo trägt. Dieses Verhalten wird mitbestimmt von der übrigen Sozietät, auch von den Männern, die ja das Kind nicht selbst tragen, von den Kirchen, von allen jenen menschlichen Kommunikationsorganen, die auch sonst mitmenschliches Leben regeln. Das ist das Wesentliche. Dass die Menschen sich nicht immer so verhalten, wie sie sich verhalten sollten, ist eine Aussage, die im politischen Bereich sehr viel Applaus einbringt. Aber wer bestimmt eigentlich, wie sich die Menschen verhalten sollen? Das kann doch auch nur eine Gesellschaft bestimmen; es kann ein Konsensus sein, der aufgrund einer Abstimmung erfolgt ist oder der traditionsgemäss familiär in einer Gesellschaft überliefert wurde. Ich glaube aber, dass es gerade auch zur Entwicklung der Menschheit gehört, dass alle diese als selbstverständlich angenommenen Verhaltensnormen in Frage gestellt werden

195

können. Wir sind vielleicht die erste Menschengeneration, die sich in der Weise und in dem Ausmass darüber Gedanken macht, ob keimendes Leben ein absolut schutzwürdiges Leben sei oder nicht. Andere Generationen oder Gesellschaften haben sich darüber keine Gedanken gemacht. Sie haben das pragmatisch geregelt. Ich wäre also eher vorsichtig in der Meinung, dass man aus subjektivem Verhalten schon Schlüsse ziehen kann. Es gibt schwangere Frauen, die zu ihrem werdenden Leben, ohne es abtreiben zu wollen, kein Verhältnis haben, die bis zur Geburt nichts von Mütterlichkeit spüren. Es gibt Frauen, die sicher schon, bevor sie überhaupt schwanger sind, im Hinblick darauf, dass sie schwanger werden wollen und können, eine solche Beziehung haben. Es gibt Frauen, die werden schwanger, ohne schwanger zu sein (Pseudocyesis). Das sind Frauen, die alle leiblichen Veränderungen einer Schwangerschaft mitmachen, die mit ihr einhergehen, als ob sie schon im 7. Monat wären und effektiv nicht schwanger sind. Aber ihr subjektives psychisches Empfinden haben sie als Schwangere. Und dann gibt es noch die bekannte Blasenmole, die auch zu schwangerschaftsähnlichen Veränderungen führt, wobei die Frau selbst, die das ja nicht weiss, durchaus in einer Mutter-Kind-Beziehung stehen kann. Das sind sehr komplizierte Vorgänge. Wenn wir aber im politischen Bereich etwas tun wollen, können wir uns vermutlich nur auf das Verhalten der Gruppe stützen, nicht auf das Verhalten oder Fehlverhalten einzelner Menschen.

Gestern erhielt ich den Hinweis, es sei eigentlich interessant, dass an dieser Tagung, an der über das Werden des Menschen gesprochen werde, keine Frau da sei, die vielleicht zumindest über das ontogenetische Werden des Menschen aus eigener Erfahrung Bescheid wüsste. Ich hoffe, dass sich diese Frauen jetzt an der folgenden Diskussion, die für alle offen ist, melden. Es würde mich und sicher alle hier oben interessieren, ob beispielsweise eine Frau, die schwanger ist, dieses Werden in irgendeiner Weise erfährt und in welcher Weise, und damit natürlich auch ihr eigenes Werden als Mutter.

Hans-Jürg Braun

Der Mensch und das Schweigen

Ontogenese = die Entwicklg d.
einzelnen Lebewesens

Phylogenese: die Stammes-
entwicklung

Das Werden des Menschen beschäftigt uns an dieser Zusammenkunft. Fraglos ist, dass die Sprache, die unser Denken als Menschen entscheidend ermöglicht und unsere Beziehung zum Mitmenschen stiftet, als ein *Grundzeichen der Menschwerdung* zu gelten hat. Die biblischen Bilder vom Anbeginn zeigen den Menschen als Mandatar seines Gottes – beauftragt, die Geschöpfe zu benennen und betend zu rufen.

Als Sprechender aber ist der Mensch immer auch ins Schweigen verwiesen. Das Schweigen kann *desgleichen als Zeichen des Menschseins* gelten – als Kehrseite der Sprache, Schweigen als die Weise des Umgangs mit sich selbst und ineins mit seinem Gott.

An der Pforte zum Heiligen ziemt uns vorab das Schweigen. Es beinhaltet das Bekenntnis unserer Kreatürlichkeit, aber ebenso das Bekenntnis zur Ohnmacht unserer Sprache. Angesichts Gottes gibt es keine gesicherte Rede. Wir erkennen, dass wir Menschen vor ihm nicht in und aus eigener Kraft bestehen können. Ich meine damit den seinsmässigen Abstand zwischen ihm und uns – wie auch die Erfahrung der Schuld, die in der Ohnmacht der Sprache sichtbar wird.

Unablässig verwenden wir eine grosse Zahl von Worten, um uns selbst ins rechte Licht zu setzen, unsere Fähigkeiten zur Schau zu stellen. Wir wollen ernstgenommen werden in den Rollen, die wir spielen müssen und die wir uns selbst gewählt haben.

Das Schweigen aber vor ihm, dem Heiligen, klammert unsere Verdienste aus, unsere Titel und alle Illusionen des möglichen Ruhms vor der Mit- und Nachwelt. Schweigend legen wir die Kostüme und Rüstungen ab, mit denen wir die Bühnen und Kampfplätze dieser Welt betreten. Im Schweigen vor ihm, dem Heiligen, geht es um den Gott der Väter, den Gott Abrahams, Isaaks und Jakobs, von dem auch der Meister Christus spricht. Fragen wir nach den religiösen Erfahrungen, welche den Vätern des Alten Testaments in jenem geheimnisvollen, noch weithin vom Mythos erfüllten und bestimmten Raum der Geschichte zuteil wurden, so tritt ein Moment immer wieder massgebend in den Vordergrund: das Moment echter, übermächtiger und überwältigender Transzendenz. Dieser Gott ist und bleibt ein Mysterium tremendum et fascinosum. Sein Handeln steht nicht selten im Widerspruch zu dem, was Menschen von ihm erhoffen und als selbstverständlich von ihm entgegennehmen möchten. Und menschliche Rede über ihn und an ihn ist meist nur ein zaghaftes und am Ende verfliegendes Echo auf das, was er selbst, der Heilige, sagt.

An der Pforte zum Heiligen – wir sagen es nochmals – ziemt uns das Schweigen: als eine Confessio unserer Kreatürlichkeit und als ein Eingeständnis des tiefsten, eigenen Wesens, nämlich nie *ganz* von uns aus – *über uns selbst* verfügen zu können. Nie sind wir als Menschen bis auf den Grund unseres Wesens über uns und unser Leben mächtig.

Doch Gott gibt uns von sich her Gelegenheit, uns zu erkennen: unser Glück und unser Unglück, unsere Freiheit und unsere Schuld. Ziel dieses Erkennens ist nicht Schamlosigkeit, sondern ein bei uns und in uns aufloderndes inniges Sehnen nach Wärme und Barmherzigkeit.

An der Pforte zum Heiligen verschlägt es uns die Worte. Da ist das Erschrecken über unsere rasch verblühende Lebenszeit, das uns verstummen lässt. Vor unserem inneren Auge werden Szenen und Abläufe lebendig, in denen wir versagten. Wir empfinden die Ungebührlichkeit, das Eitle, die Nichtigkeit unserer Worte: selbst ein Dichter lässt erschöpft die Harfe sinken. *Hier ist* die Grenze des schöpferischen Wortes unter Menschen. Alle Quellen der Rhetorik, mag sie sonst noch so gewandt und brillant sein, versiegen. Doch je gründlicher und rücksichtsloser wir uns entschliessen, angesichts des Heiligen tatsächlich zu schweigen, desto mehr wächst eine brennende Erwartung, dass Gott selbst reden und die Spannung durch eine Kundgabe: ein Zeichen, ein Wort lösen wird.

In uns kann, sofern wir nur ernstlich wollen, Schweigsamkeit als *echte* menschliche Möglichkeit wachsen und reifen; es ist die Schweigsamkeit innerster, geistiger und geistlicher Erfahrungen.

Ich meine, anderes gesellt sich hinzu: nämlich die Geburt, das Hervorbrechen, das Aufsteigen eines Wortes, das Wert hat und wertvoll bleibt. *So* sollte doch das Wort sein, das wir suchen und durch das wir unser Werk in diesem Leben und unter unseren Mitmenschen wirken! Aber ein solches Wort bedarf immer des zuvor zuchtvoll geübten, langen Schweigens. Auch die Dichter schweigen deshalb manchmal sehr lange. Sicher fällt einem Dichter das Schweigen nicht leicht, denn nicht selten ist es ein erzwungenes, somit unfreiwilliges und qualvolles Schweigen, in dessen Gründen und Abgründen sich aber Konturen eines Neuen (einer Gestalt, eines Charakters, einer Begebenheit, eines lyrischen Verses usw.) bilden. Auf dem Hintergrund geübten Schweigens kann die Sprache, unsere in den Sog einer Inflation gestossene, geschändete Sprache ihren alten priesterlichen, vielleicht auch prophetischen Glanz zurückgewinnen. Was wünschten sich die Zeitgenossen heute mehr denn je: Worte, Sätze, Gedanken hören zu dürfen, die gesprochen sind aus hieratischer oder prophetischer Vollmacht!

Wohl nur *so* kann unsere Sprache erneut die grosse Mittlerin werden der lebensbestimmenden und deshalb eigentlichen Mysterien des Seins. Dann vermag das Wort – auch das Wort aus Menschenmund – uns wieder tief zu erregen, zu erschrecken, zugleich zu verzaubern, zu beseligen, zu trösten und aufzurichten. Ein Wort, so gewachsen, trifft – doch nicht als intellektueller Kontakt und geistreiche Überredung, sondern als Erschütterung unserer ganzen Existenz.

Das ist unsere Aufgabe fürderhin: unter und hinter den Worten wieder *das* Wort zu finden, das nichts von seiner Macht verloren hat, eben weil es den Zeitläuften und ihrer Mode nicht unterworfen ist. Dieses Wort entdeckt freilich nur, wer willens ist, selbst ins Schweigen einzugehen.

Alle Theo-Logie, also Rede von Gott – sollte mit dem Schweigen – mit nichts anderem – beginnen. In geübtem, den Tagesablauf an Schlüsselpunkten charakterisierenden Schweigen schlägt sich eine Erfahrung nieder – nämlich dass wir vergängliche, doch sehr bedeutungslose und schuldvolle Wesen sind. Hier, wo wir schweigend an der Pforte zum Heiligen stehen, zerbrechen alle Massstäbe. In diesem Geist sagt der Psalmist des Alten Testaments: «Seid stille und erkennt, dass ich Gott bin.»

Im zuchtvoll geübten Schweigen formen sich unsere Worte zu zager Anbetung, ja das Schweigen selbst *ist* schon Lob und Preis und Ehre dem Heiligen. Die Sehnsucht ist diesem Schweigen nicht fremd, die Sehnsucht, Gott, der Heilige, möge sich zu uns neigen.

Die Höhenzüge und Gipfel des Schweigens erreichen wir erst dort, wo wir *nur* noch Hörende sind und wo uns die revelatio continua wie himmlische Musik überfällt. Gott *kann* zu uns reden: durch seine Schöpfung, durch die Weite einer Landschaft, durch das Gesicht eines Mitmenschen, das wir nicht vergessen, durch den Sternenhimmel an einem lauen Sommerabend, durch das in sich geschlossene Spiel eines Kindes, durch die liebende Umarmung, durch die tröstende Hand. Schweigend stossen wir – freilich erst nach langer Übung – auf den Punkt, wo die unter uns beliebten Kategorien des Schicksals und die von «Zufall und Notwendigkeit» nicht mehr genügen. Da wird unser innerstes Wesen Resonanz auf ein Einwirken, das wir nur noch Gott zuschreiben.

Alle diese Erfahrungen, hier freilich nur eben angedeutet, sind in Wahrheit unerschöpflich in ihrer Vielgestaltigkeit. Mit und in diesen Erfahrungen füllen sich die Schatzkammern unseres Lebens, von solchen Erfahrungen zehren wir Menschen im Alter und finden Ruhe vor dem eigenen Tod.

Je mehr wir auf die Höhenzüge und Gipfel des Schweigens steigen – bedächtig Schritt um Schritt – desto klarer und reiner wird die Luft für unsere Seelen. Wer könnte nicht glücklich sein, wenn er sich den lärmigen Tälern der Geschwätzigkeit entrückt weiss? Wir bereiten uns jetzt zum Schweigen für einige Minuten – zu einem Schweigen, das ohne Vorbehalt ist. Es soll kein Schweigen der Schwäche und der Verlegenheit sein. Es soll sich sättigen von der Liebe und Barmherzigkeit Gottes.

(Einige Minuten des Schweigens)

Wer die Höhenzüge und Gipfel des Schweigens wieder verlässt und heimkehrt in die Täler des Alltags, der darf nun reden. Vielleicht sind seine Worte, wenn er wirklich vor dem Heiligen geschwiegen hat, von einer anderen Kraft und Qualität als jene, die unter uns unablässig und unbedacht bis zum Überdruss verstreut und vergeudet werden. Meist bemerken wir ja die Wirkung unserer Worte nicht. Und nicht selten, so will uns scheinen, versinken unsere Worte, auch als erschwiegene und gewogene, gänzlich im Feld umher. Wer registriert sie schon? Welche Instanzen gibt es dafür? Mir fällt das Buch des Lebens ein, jene grossartige biblische Vorstellung namentlich in der Offenbarung des Johannes. Da werden Worte eingetragen, Worte, die aus dem Schweigen wohl hervorgingen und die in der Wahrheit gründeten, Worte, die Frucht bringen.

Autoren

Prof. Dr. med. Medard Boss
Bahnhofstrasse 53, 8702 Zollikon

PD Dr. Hans Jürg Braun
8418 Schlatt/Winterthur

Prof. Dr. med. et phil. Gion Condrau
Strehlgasse 15, 8704 Herrliberg

Prof. Dr. med. Adolf Faller
Chemin St-Marc 7, 1700 Fribourg

Dr. med. Alois Hicklin
Seestrasse 51, 8703 Erlenbach

Prof. Dr. Emil Kuhn-Schnyder
Ilgenstrasse 6, 8032 Zürich

Prof. Dr. Norbert A. Luyten
Albertinum, 1700 Fribourg

Dr. Hans Saner
Wanderstrasse 10, 4054 Basel

Prof. Dr. Detlev von Uslar
Am Oeschbrig 27, 8053 Zürich